歡迎來巴西

BEM-VINDO

謝佩珊 文·攝影

飛越大半地球，歷經至少 30 小時的航程，
遠在南美洲的巴西，不僅有著熱情的民族天性，
還有高度開發的海灘文化、
精湛的音樂舞蹈、豐富的美食，
不妨放慢腳步，來一趟巴西悠遊吧！

BEM-VINDO

玩出獨一無二的巴西旅行

　　全世界的國家有 196 個，我的足跡遍布 27 個國家。雖然不到 14％，也算是名經驗豐富的旅遊家。曾經暢遊中歐、東歐，學習歐洲藝術史之餘，不忘品嘗歐洲咖啡文化；韓國濟州島單車遊，六十幾人以沙灘為家，咖哩料理包為食；花一個月的時間到東南亞當背包客，甚至重返越南攻下中南半島最高峰，3,143 公尺高的 Fansipan。

　　向來，嚷嚷「Let's go ！」是我的專利。不過自從我的好姐妹兼麻吉珊珊為愛出走巴西，而且一走就是一年，我這些略帶瘋狂的壯舉頓時失色不少。回想當時的她，一句葡萄牙語也不會說，卻毅然選擇為兩個人的將來而努力，拋下工作，離開家人、朋友去聖保羅，那時我想，這女人太帶種了！

　　半年後我去聖保羅找珊珊，出乎意料地發現她已經混得跟當地人沒兩樣，不但葡萄牙語說得挺不賴，連乘坐轉換地鐵都駕輕就熟。非常開心看見好姐妹已經適應新生活，更感謝她的熱情款待，帶我走訪聖保羅、里約和世界三大瀑布之一的伊瓜蘇瀑布，體驗巴西精華。隨手拈來都是美好記憶，如：

　　‧在里約海灘共享一罐冰涼啤酒。

　　‧在農夫市場一邊吃巴西炸盒子，一邊喝鮮榨甘蔗汁。

　　‧在雪茄酒吧跟 40 歲以上的巴西老頭們一起抽雪茄，喝烈酒。

　　‧在伊度藝術小鎮漫遊，順便買隻色彩鮮豔、用葫蘆製作的胖公雞。

　　‧在伊瓜蘇國家公園早看、午看、晚也看瀑布，在氣勢萬鈞的轟隆水聲中，震懾其壯觀大景。念天地悠悠，自形渺小。

　　這些體驗都是上網查資料、看旅遊書得不到的資訊。少了好姐妹的英明帶領，我此趟巴西之旅肯定無法如此盡興。所以當珊珊決定分享她在巴西的經歷，並且將資料整理成書，我馬上舉雙手贊成。市面上幾乎沒有介紹巴西旅遊資訊的中文工具書，而此書正好彌補了這個缺。除了介紹巴西氣候、風情、宗教等基本資料，書中還詳細寫出行前準備及提醒，包括：如何購買國際／國內機票、簽證和注意事項。再者，書中清楚列出必看景點，幫助背包客或喜歡規劃個人行程的遊客輕鬆玩巴西。

　　我也是個搖筆桿子、不時寫寫東西的文字工作者，因此可以從珊珊的文字中感受到她對這個國家和居民的喜愛。如同許多遊客，我對巴西的刻板印象仍然停留在嘉年華和足球，但讀過此書後，除了更了解巴西的人文風情，我也愛上珊珊筆下這得天獨厚、全年好天氣的國家，以及那群熱情如火、懂得享受人生的巴西人。

　　更為難得的是在臺灣出生，美國長大的珊珊綜合東西方文化教育、思考，生動地點出巴西文化特色。也因為珊珊有這樣的成長背景，她可以對比美國和巴西生活方式的不同，還可以指出臺灣人跟巴西人一樣懂得享受吃這件事。不管是臺灣土生土長，還是久居歐美的讀者，都能找到共同點，進而得到實用的巴西旅遊資訊。

　　希望讀者也和我一樣喜歡這本書，並且從其中提供的資料受益，玩出獨一無二的巴西行。

　　對了珊珊，改天提一打冰啤酒去海邊吧！　　　知名紐約旅遊部落格作家 Sherry

部落格網址：sherrytalk.com

帶你體驗巴西之美好

　　能夠下定決心去巴西生活，就好比我突然說出口「Yes, I do.」那驚天動地的閃電結婚一樣，很帥氣的拍桌說好！然後把工作辭掉，就出發了。很多人問我，是什麼樣的動力或誘惑，讓妳可以如此瘋狂的放棄一切，就跑去巴西生活？姐妹淘說，如果想要遠離繁忙的生活步調，我們可以周周陪妳去酒莊品嚐美食，以及妳最愛的葡萄酒，或者大家請個3天2夜的假去拉斯維加斯。如果真的想不開，大可以當個背包客離鄉旅行三個月，真的不用一定要去巴西無限久吧！但巴西有個人在等我，所以當然要為愛奮戰，愛情的吸引力加上異鄉巡禮的機會，對我這個愛旅遊的好奇寶寶來說，真的太珍貴了！

　　就這樣為自己預設美好的未來，給自己打強心針，告訴自己天底下沒有難得倒我的事，帶著朋友們對我既無奈又包容無限的祝福、父母親的叮嚀，無比重的行李（目前全世界只有飛往巴西的班機可以帶兩件限重32公斤的行李，而不是一般的23公斤），展開我人生另一個精采章節。

　　到了巴西聖保羅機場，過海關時沒有人會說英文（好歹聖保羅也是南美洲的首富城市），行李更是從古老的黑色行李輸送帶慢慢轉出來，我心深處忍不住說了聲：「慘了！」因為我的新生活真的比預期中曲折很多——

　　　·因為差一點被三個強盜搶劫，躲在有配槍警衛的超市裡，我下定決心要學好葡萄牙文，並且融入當地人的文化。

　　　·因為要努力省錢（巴西的生活費一點也不便宜），我每周都扛著買菜車，徒步去農夫市場買新鮮多樣的蔬果。

· 因為要充分填滿我渴望了解巴西的慾望，我涉獵多樣資訊，並且盡可能地發揮打破砂鍋問到底的精神。

· 先入為主誤會巴西人都應當宛如 Gisele Bündchen（維多利亞內衣的巴西模特兒），或是擁有人魚線的性感海灘男孩，但只能說現實跟想像真的差很多！看著街頭上有著啤酒肚、平均身高 165 公分的巴西男人，很像臺灣純樸可愛的歐吉桑，我只能說做人要實在，內在美才是最重要啊！

　　人生往往就因為這些挫折與考驗，讓人越挫越勇、越不服輸！因為我想要看見巴西、體驗屬於個人版本的巴西，在三個月內我的葡萄牙文突飛猛進，向來不喜歡跟外國人說話（雖然我也是外國人），但見到巴西人就會劈哩啪啦講一堆自己也不懂的話。果真不負眾望，在巴西半年後，除了平時一個人探險可以問路、不怕被騙、坐計程車時也不擔心被載丟或被繞路坑錢，我更信心滿滿、當仁不讓的承諾當起朋友的導遊，歡迎他們來拜訪我這位新巴西人！

　　這本書是我一步一腳印冒險印證後的集結，我希望不管是要去旅行、工作，或是想要了解巴西的你，都可以藉著這本書為自己擬下量身打造的巴西遨遊相貌！

　　對我而言，每一段旅行就好比一個新的嚮往，希望我的分享能夠給你一個衝動，讓你也蠢蠢欲動的想要體驗那鮮美多汁的巴西烤肉及其他美食！

　　那眼睛看到的，口裡吃的，手中觸摸的，心裡感受的，在在都是南美版本、獨特的拉丁民族風情，有空，不妨來一趟巴西休閒遊吧！

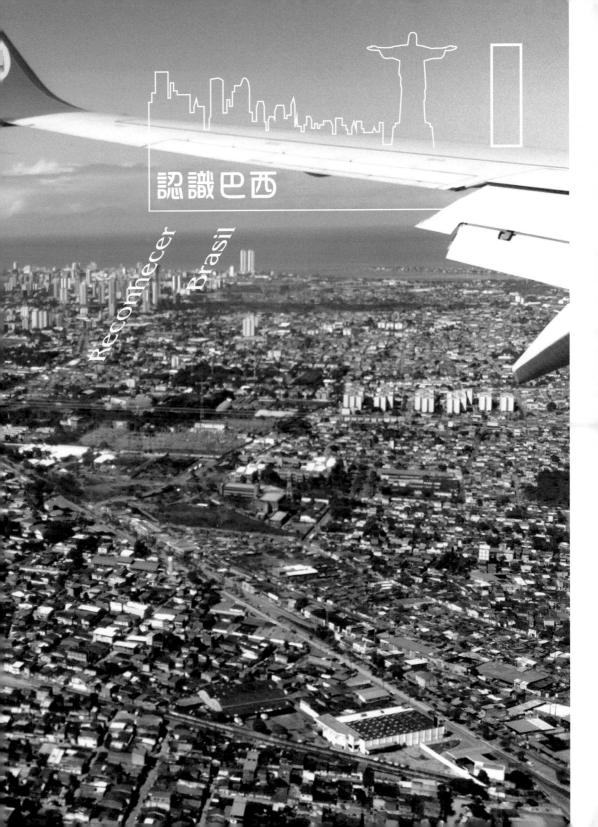

認識巴西

Reconhecer Brasil

基本介紹

你知道嗎？

- · 巴西的名字源自於樹木，原本是茂密生長在巴西沿海的樹木。
- · 巴西是世界上第五大國家，擁有廣大的面積與 2 億人口。
- · 巴西的海岸線比從倫敦到紐約的距離還長。
- · 巴西利亞是巴西的首都，而不是大家普遍以為的里約熱內盧。
- · 巴西的領土曾有多達 2,000 種不同的原住民居住。
- · 1500 ～ 1815 年，巴西是葡萄牙的殖民地。
- · 巴西贏得了 5 屆足球世界盃，超過全世界任何一個國家。
- · 2005 年，亞馬遜雨林有五分之一已經被砍伐殆盡。
- · 2010 年，巴西盛產約 285 億杯的咖啡。

· 整個南美洲大陸，巴西的領土就占了 47%；唯二沒有和巴西相連的國家是智利和厄瓜多。

· 巴西著名的狂歡節門票花費，從 60 ～ 4,000 美元不等。

· 將近 90% 的巴西電力來自水力發電。

· 巴西是一個重要的新興石油出口國，新的儲量近日從里約熱內盧近海被發現，其海上油田蘊藏量世界第一。

巴西概況

巴西是南美洲的巨人，面積和人口排名全球第五名。巴西人經常說，他們生活在一個大陸，而不是一個國家。這種誇張的說法是可以理解的。

如果排除阿拉斯加，整個巴西的陸地大於美國。而從西部到東部之間的距離比從倫敦到莫斯科還遠，從北部到南部邊界大約是紐約和洛杉磯之間的距離。巴西沒有高山可以與鄰國的安地斯山脈進行比較，但是在其他方面，它擁有多樣化的天然景色和文化，絕對會讓人大為驚豔。

儘管內陸有遼闊的土地，約三分之二的巴西人口依舊生活在靠近海岸的城市。聖保羅和里約熱內盧，是巴西人人稱羨的兩個大城市，和其他城市相比擁有超過一千萬居民。雖然如此，巴西仍然被認為是一個開發中的國家，越是往深入的內地去，人口越稀少。

光是聖保羅市就擁有 1,200 萬人口，是巴西最大的城市，也是世界上最大的都市之一。它是全球領先的工業和金融中心，但嚴重的空氣及水汙染、過度擁擠的人口和貧富懸殊，皆是這個大都市亟需改善的問題。巴西東南地區包括聖保羅、貝洛奧里藏特和里約熱內盧，都是主要的經濟樞紐，有超過全國 40% 的人口。聖保羅南部則是一個富庶的農業生活區，深受歐洲文化影響，德文和義大利文在當地也可以溝通。

巴西，對於其他南美洲國家的人來說是另一個世界，主要和語言有相當大的關聯——巴西人說葡萄牙語，也多少可以聽懂西班牙語，但以西班牙語為母語的人卻不懂葡萄牙語。巴西人的種族色彩非常多元化，約 54%（1.03 億）以歐洲後裔為主，分別為來自葡萄牙、義大利、西班牙、德國和東歐的移民。在聖保羅就擁有世界上最多的日本移民；超過 44%（8,500 百萬）黑人混血者，他們是非洲奴隸貿易的後裔，集中在里約熱內盧、薩爾瓦多和聖路易斯。不到 1%（70 萬）是原住民群體，大多原始的印第安人還是散居於在亞馬遜地區。印度人、阿拉伯人和其他亞洲人，則多半生活在較大的巴西城市。移民文化足跡遍布，並一直深深影響著整個國家。

巴西，一直是個經濟起伏很大的國家。1990 年代戰後，快速工業化使巴西成為世界十大經濟體之一，這種說法其實是誤導，因為使巴西成為一個快速發展中國家的是農業，

而非工業。巴西身為世界數一數二的農業出口國，在過去十年裡，數百萬的巴西人被拉進該國不斷擴大的中產階級，但長久以來低落的醫療品質與教育水準，將成為這個國家亟需全面改善的重要課題。

不可否認的貧富差距，仍然是生活在巴西的一個重要現實問題。城市裡，貧民窟與豪宅並存。廣闊的大地上也有很大的差異，巴西人用了這樣比喻──「瑞士」在南方，集中在聖保羅和里約熱內盧；「印度」在上面。這是一個對於他們經濟發展水平的真切形容。

巴西擁有舉世聞名的自然資源，也同時擁有惡名昭彰的貪腐與低效率政府，造成自然資源往往過度開發，獲利卻遭有心人士中飽私囊，削弱國家競爭力。另外，暴力犯罪在大多數國家被認為是緊急危機，但在巴西卻是再自然不過的一件事，例如里約熱內盧，平均每天發生十七件謀殺案。

由於人民生活還是得照過，因此這些政治腐敗和社會問題成為長久以來被姑息與無可奈何的毒瘤。耐人尋味的是，社會暴力也不太影響遊客想來巴西旅遊的意願。巴西人樂於分享喜悅，熱情友善，世界上或許很難再找到像他們一樣樂觀的民族。這個國家的享樂主義，也徹底體現在高度開發的海灘文化、精湛的音樂舞蹈與豐富的美食。另外，巴西更是目前全世界以最輕鬆和寬容的心態接受同性戀的國家。

巴西全圖

Trinidad 特立尼達和多巴哥
Guyana 圭亞那
Suriname 蘇里南
French Guiana 法屬圭亞那

Venezuela
委內瑞拉

Colombia
哥倫比亞

Ecuador
厄瓜多爾

Peru
祕魯

Bolivia
玻利維亞

Brazil
巴西

Pecem

Belém
Itaqui

Fortaleza

Natal

Recife
Saupe

Salvador

Manaus

Brasilia

Iguaçu

Sepetiba

Victoria

São Paulo

Rio De Janeiro

Santos

Paranagua

Itajai

Porto Alegre

Rio Grande

Paraguay
巴拉圭

Chile
智利

Argentina
阿根廷

Uruguay
烏拉圭

巴西小檔案

人口：根據 2010 年的人口普查統計，巴西總人口數約 1 億 9,100 萬人，位居拉丁美洲人口之冠。

首都：巴西利亞；309 萬 9,000 人

面積：8,547,403 平方公里

語言：葡萄牙語

宗教：天主教

貨幣：Real（R$）

平均壽命：69 歲

平均國內生產總值：7,600 美元

識字率：86%

INFO

歷史簡介

　　巴西正式被「發現」是在西元 1500 年，葡萄牙外交官 Pedro Álvares Cabral 指揮艦隊前往印度途中來到 Porto Seguro 港灣，位於薩爾瓦多和里約熱內盧之間。

　　葡萄牙人成為巴西的第一個殖民者時，首先遇到的就是當地原住民 Tupinamba，開始了一個以奴隸貿易為基礎的暴力殖民化。原先，雙方本來都為了巴西利潤豐厚的貿

易——紅檜木的砍伐（用於染料）開始攜手合作；後來，因為需要前往更遠的內陸尋找新的森林領域，葡萄牙人試圖奴役原住民，可是原住民不習慣長時間在田野勞力，加上受到歐洲疾病的感染，許多原住民不是逃離內陸，就是死於疾病。葡萄牙人因此引進非洲奴隸貿易到巴西。

拿破崙戰爭期間，國王若昂六世（King João VI），擔心法國軍隊侵略葡萄牙，而逃往巴西，在 1808 年創辦了里約熱內盧法院。因為在 1820 年發生一場家庭革命，若昂六世命他的兒子為攝政王。當葡萄牙試圖重新實行殖民統治時，王子在 1822 年 9 月 7 日宣布獨立，成為佩德羅一世（Pedro I），是巴西第一任國王。佩德羅一世成為國王後，不受他的國會擁護愛戴，因此他在五十歲時，讓位給他的兒子並於 1840 年加冕成為佩德羅二世國王。1889 年，巴西軍事叛變，雖然民主共和國宣告成立，但開始軍事獨裁的統治時期。巴西的歷史上充滿了曲折，自成立以來，經歷了第二共和國，遭受一段時間的軍事統治，1985 年終於恢復期待已久的民主。

宗教：上帝是巴西人？

巴西是世界上最迷人的國家之一，擁有溫暖細柔的白沙海灘、原始雨林和野生大自然。再者，大都市裡那無窮無盡的生命節奏多采多姿、令人嚮往。在巴西，只要有森巴音樂，那無憂無慮的生活慾望，便活生生地呈現在眼前——無窮無盡的好山好水和無憂無慮的生活樂趣，就是從那一顆椰子果開始。生活在這麼多自然和文化財富的寶藏之地，難怪巴西人說「Deus É BRASILEIRO」，意指上帝是巴西人。世界上，還有哪個國家這麼受上帝寵愛呢？

在巴西人的生活中，信仰是非常重要的精神支柱。超過 1.9 億的人口，主要有五大宗教支持他們的信念，約 90% 的人信仰宗教。1988 年，最新通過的憲法，讓巴西終於不再只有一個「官方」宗教，巴西人民也有選擇宗教的自由。

自 16 世紀起，天主教一直是巴西的主要宗教。天主教信徒在全世界也屬巴西的 1.23 億人最多。他們在殖民時期沒有宗教自由，任何人定居在巴西都被強迫成為天主教徒。在全國各地天主教會對社會和政治有很強大的影響力，也因此在該國軍事掌權時，人權的防禦和抗性成為反對天主教的主要焦點。即使有憲法明定的宗教自由，天主教至今仍被認為是巴西的官方宗教。

基督教是巴西第二大宗教，在巴西有許多分支，其中最多的是新浸會、長老教會、路德會。耶穌基督後期聖徒教會是第三大巴西宗教，擁有超過 1,100 萬教徒，有五座教堂分布在巴西。耶和華見證人是巴西的第四大宗教，擁有超過 700 萬教徒。東正教是巴西的第五大宗教，擁有超過 500 萬教徒，大多是中東或東歐國家的信徒，如亞美尼亞、希臘、

黎巴嫩、俄羅斯、敘利亞和烏克蘭的移民。

　　有趣的是，還有許多其他信仰構成了巴西現今的宗教實踐。例如，原始的巴西是由約魯巴人結合來自巴西和非洲一些傳統，創造出非裔巴西人的宗教。還有其他如佛教、伊斯蘭教、猶太教、拉斯塔法里教、神道，是來自東亞、東歐和中東地區的移民所信仰。這些來自各地的移民對於巴西的宗教信仰和生活習俗，都有密切影響。

經濟

　　‧主要產業：紡織、製鞋、化工、水泥、木材、鐵礦。

　　‧農產品：咖啡、大豆、小麥、大米、牛肉。

　　‧出口品：運輸設備、鐵礦石、大豆、鞋類、咖啡。

　　巴西，正式國名為巴西聯邦共和國，葡萄牙文為 Republica Federativa do Brasil，是擁有南美大陸最大領土和最多人口的國家，也是世界第七大經濟體。因為得天獨厚的礦產和自然資源蘊藏豐富，而成為經濟發展最快的國家之一。

　　巴西是資本主義的市場，身為一個多技術驅動的經濟體，並已經歷了巨大的增長。在過去幾年裡，主要是由出口帶動，被認為是潛力超強的經濟大國。在巴西重要的經濟產業是農業、製造業、服務業和採礦業。這些產業共同貢獻近 90% 的國家收入。

　　巴西的關鍵市場如下：

- ·工業：在整個南美洲擁有最先進的工業經濟。主要製造行業，包括汽車、石化、水泥、建築、飛機。約 74% 的出口是製成品和半製成品。
- ·貿易：主要從事與歐洲經濟委員會（EEC）和美國的協商。
- ·其他重要產業：包括食品飲料、紡織、耐用消費品。

　　巴西經濟也取得了很大的進步，新能源使得對進口石油的依賴減少。巴西目前是世界領先的水力發電擁護者之一，位於巴拉那河的伊泰普大水壩，是世界上最大的水力發電廠，擁有 12,600 兆瓦容量的生產力。該國還是全世界第一個從事深水石油研究的國家。

　　巴西的農業非常發達，採用現代機械化的方法和優良品種的種子，使農產品生產過盛。有 15% 的巴西勞動者從事農業，占整個國內生產總值 3.5%。巴西的南部具有很好的灌溉設施和高水平的降雨率，因此南部半溫帶地區主要作為糧食和油籽的種植；北方的土地則是可可、熱帶水果和林業產品的主要生產地。巴西的大豆產量位居世界第二位，也是主要的出口國家。巴西的出口產品數量非常高，主要是咖啡、甘蔗、肉類等農產品，小麥、水稻、玉米和柑橘也是全國重要的農作物之一。

　　巴西的工業貢獻超過 28% 的 GDP 生產總值，是巴西最重要的經濟來源之一。大量的自然資源為廣大巴西工業儲備和提供原料，對工業的成長有極大的幫助。巴西主要的工業為汽車生產、食品加工、採礦、飛機製造、石油開採提煉、水泥、化工和化肥製造業。

在巴西從事服務業的人口幾乎占了三分之二，對國家的 GDP 而言，約占 63%。主要服務行業為零售、飯店管理和大眾服務。

巴西的貿易發展處於一個快速增長的階段，以出口為主。在 2001 年和 2005 年幾乎增加了一倍；但 2009 年面臨全球金融危機，與前些年相比減少了約 20%。糖、咖啡和肉類，奠定了巴西在世界出口的先驅地位；金屬、紡織、汽車和飛機，則是一些其他的出口產品。此外，巴西也進口來自其他國家的商品，以汽車零件、電子、化工、石油為大宗。美國是巴西的主要貿易夥伴，出口占 14%，進口占 14.7%，與阿根廷、中國、德國、日本和荷蘭也有貿易往來。

巴西經歷了兩度經濟衰退，主要是因為全球出口需求萎縮，並遭受外資信貸評等調降。然而，2010 年消費者和投資者信心恢復，使 GDP 成長達 7.5%。在過去的二十五年裡，呈現最快的成長速度。但在 2011 ~ 2013 年間成長放緩，主要是通貨膨脹導致經濟降溫。失業率處於歷史低點、巴西收入的不平等和高利率，使得外國投資者的資金大量流出巴西，這些因素在過去幾年中造成貨幣升貶值過大、削弱巴西製造競爭力，以及政府財政緊縮等現象。

氣候之一：哪個季節去巴西較省錢？

整體來說，巴西的主要城市大多位於赤道南方，因此巴西的季節和北半球國家相反。12 月到隔年 3 月是夏季，而冬季則是 6 月到 9 月。巴西雨季發生在夏季末尾，通常每天會下一場滂沱大雨，但持續時間不超過 1 ~ 2 小時。亞馬遜和潘塔納爾有最明顯的雨季，從 11 月到隔年 5 月每日會有兩次暴雨。

基本上，巴西的夏季（12 月到隔年 2 月）是海灘度假勝地的旺季，而 7 月是巴西學校一個月的寒假。所以，如果想在這幾個月內旅行，一定要盡量提前預訂。不合理的高價和大量觀光客，很容易因此而訂不到飯店或國內機票。如果想尋找一個較合理的價位，那就規劃 5 月、6 月，以及 8 月到 10 月前往巴西旅遊。里約熱內盧和沿海的海灘度假勝地，特別是在東北邊，11 月到隔年 4 月是炎熱的高溫季節，但在里約熱內盧 6 月至 8 月的溫度有時會降低到令人不舒服的水溫。如果想要享受海灘的陽光和炎熱的溫度，建議可造訪南部城市，低溫月份是從 5 月到 12 月。

氣候之二：一年四季都很熱嗎？

　　巴西一年分成四個不同的季節氣候。事實上巴西最冷的區域位於東南方，該地區大致從中部米納斯吉拉斯州（Minas Gerais）到南里奧格蘭德州（Rio Grande do Sul），其中包括貝洛奧里藏特（Belo Horizonte）、聖保羅（São Paulo）和阿雷格里港（Porto Alegre）。

　　6月和9月之間會明顯感覺冬季來臨，有冷風，也會下雨，雖然巴西人抱怨很冷，但這比起美國或英國的冬季卻是相當溫和。氣溫很少會降到 0°C，只有在聖卡塔琳娜州（Santa Catarina）的高地偶爾會下雪，其他地區幾乎不會產生積雪。

　　里約熱內盧位於南迴歸線，是個熱帶氣候城市。夏季炎熱、潮溼，要格外小心陽光曝曬，高係數的防曬乳是必備品。同樣的氣候模式，也適用於里約熱內盧以北的整個海岸線，而在薩爾瓦多和東北部沿海城市則長年氣溫略高。

　　巴西人喜歡往海邊跑，這樣的生活風俗被稱為「螃蟹文化」。沿海地區的氣候出奇的好，大部分人口都喜歡生活在靠近海岸的城市，享受 7,000 公里的海岸線，從巴拉（Paraná）到赤道附近，都是溫暖的熱帶氣候。當然冬天或遇到陰天時，有時氣溫會急降至低於 25°C；雨季時，別小看熱帶的傾盆大雨，短短 3 小時就足以帶來嚴重的山洪爆發和土石流。在冬季或雨季，即使是晴天，通常烏雲也會急速覆蓋藍天，然後爆發大雷雨。這時，真的會讓人感受到大自然的威力，不誇張，短短 5 分鐘內，雨水會漲至膝蓋以上。

　　巴西東北部熱到沒有冬天的存在，平均的室內溫度 25°C；半乾旱的時候，往往高達 40°C 以上，此地雨水稀少。

在赤道穿越的亞馬遜河區域，氣溫高達 30°C 是常見的。亞馬遜河流域為潮溼的叢林，降雨不斷，但大部分地區會有明顯的旱季——這樣的季節之所以會越來越長，是因為森林砍伐的原故。

重要節日

- 2 月嘉年華是巴西最盛大的節日，這項慶典不但會在全國的大街小巷舉行，更在大都市如聖保羅或里約熱內盧舉行大型的森巴慶典比賽，每年都吸引成千上萬的遊客。其中最著名的是里約熱內盧森巴舞學校壯觀的森巴舞遊行，以及在北部城鎮 Recife 和 Salvador de Bahia 充滿非洲後裔民族特色的嘉年華。

- 4 月 15 日在 Pirenópolis（Goiás）的慶典 Festivals of the Cavalhadas。這是一個全國性的慶祝活動，於復活節的四十五天後舉行，具有相當的國際知名度。

- 4 月 21 日 Festival of Tiradentes 革命英雄日。這也是一個全國性的節日，為了紀念 Joaquin Jose da Silva Xavier（Tiradentes）革命英雄的犧牲，他是 18 世紀末為巴西獨立運動而奮鬥的民族英雄。

- 9 月 7 日是巴西與移民統治國葡萄牙宣誓獨立的日子，由佩德羅一世宣示。

- 10 月 12 日是 Festival of la Virgen Aparecida, Patron of Brazil，即所謂的聖女節。全國各地成千上萬的忠實信徒來到聖女的神聖之地，位於聖保羅的 Aparecida do Norte，參加禮拜和遊行，為該國最大的宗教慶典儀式。

- 11 月 15 日是巴西共和國宣布獨立的日子。這個全國性的節日是為了紀念帝國的結束和民主時代的開始。

巴西的官方語言：葡萄牙語

　　葡萄牙語是巴西的官方語言，也是學校、報章雜誌、廣播和電視臺唯一使用的語言。當地超過 99% 的人口都說葡萄牙語，少數民族則說原住民語言，此外還有歐洲和亞洲移民的語言。

　　語言是統一巴西民族的元素之一。在巴西葡萄牙語因各地區差異有不同方言與口音，詞彙量和發音也因南北地區而有所差異，包括個人使用的名詞、代詞和動詞。

　　在美洲，巴西是唯一使用葡萄牙語的國家，也可區別其他來自南美洲的人們。葡萄牙語在巴西有它自己的發展，受到當地印第安人和非洲語言的影響，與葡萄牙的葡萄牙語是有所差異。

　　在巴西，許多外國人很難用流利的巴西葡萄牙語溝通，由於巴西的地形因素，每一個區域都有各自的溝通模式，相對的隔離使外語無法廣泛使用。英語通常在私立學校才會學習，使得越來越多人基於個人因素而請私人教師來教英文。如今，英語取代了法語作為受過高等教育和專業人才的第二語言。由於西班牙文的文法類似葡萄牙文，因此西班牙文也是巴西人比較能快速理解的語言。但相對的，會說西班牙語的人卻很難理解葡萄牙語，因為口頭溝通上還是有著一些難度，不只在發音，連用詞上都有差異。

行前準備

簽證及入境須知

臺灣居民申請赴巴西觀光簽證，需備妥下列文件：

· 中華民國有效之護照（正本和影本），至少 6 個月以上效期。

· 近期彩色證件照片。

· 簽證申請表（請上網 scedv.serpro.gov.br 填寫）。

· 來回電子機票、訂位紀錄、財力證明。

· 近期補登之存摺正本或最近三個月薪資單及在職證明（若為學生，在職證明應以
　學校或大學在學證明取代）等。

· 申請人需於巴西簽證核發後 90 天內首次入境巴西。

（本資訊僅供參考，詳細資料仍請上該國官網或向該國駐臺機構查詢）

其他簽證詳情，請逕洽詢「巴西駐臺商務辦事處」。

時間

　　巴西的時間以聖保羅市為主，比臺灣時間慢 11 小時；轉換夏令時間時（每年 10 月至隔年 2 月），比臺灣慢 10 小時。

匯率和鈔票

　　巴西的貨幣是 real（R$，發音為 hay-ow），複數的念法是 reais（hay-ice）。每年貨幣的波動約正負 20%，比起已開發國家的貨幣波動稍大，為典型中南美國家貨幣。2014 年 R$1 約合 0.5 美元，約 12 臺幣。巴西的鈔票很容易區分，因為有不同的顏色和不同的動物可以辨識。

藍色 R$2 紙鈔（動物是玳瑁）

淡紫色 R$5 紙鈔（動物是白鷺）

紅色 R$10 紙鈔（動物是金剛鸚鵡）

黃色 R$20 紙鈔（動物是獅面猴）

金棕色 R$50 紙鈔（動物是花豹）

藍色 R$100 紙鈔（動物是石斑魚）

現金及旅行支票

即使依靠信用卡作為主要資金來源，還是要準備一些現金和旅行支票。一般銀行換幣因官僚程序較慢，但整體上還是可以提供較好的匯率（唯一一個例外是巴西銀行 Banco do Brasil，會收手續費約 40 美元）。如果想要快速換現金，可以去一般民營的 casas de câmbio，但是切記不要一次換太多，錢一定要先收到包包裡才走出去，以防被歹徒盯上。

信用卡

在巴西使用信用卡購物相當普遍，雖然可以從自動提款機和銀行提取現金使用，但一般民眾基於安全考量不會帶太多現金。Visa 和 MasterCard 都是被廣泛接受的信用卡，其次是萬事達卡；美國運通卡也可以使用。因為在巴西信用卡無論買任何低、高價位物品都可分期付款，所以信用卡詐騙非常普遍。不管在哪裡使用信用卡，一定要隨時保持你的視線，特別是在餐廳用餐結帳時。

自動提款機 ATM

使用自動提款機提取現金，是在巴西大城市裡最簡單的取款方法。在許多小城鎮，也都有自動提款機的存在，但對於非巴西提款卡，就比較難找到可用的自動提款機。一般來說匯豐銀行、花旗銀行、巴西銀行（Banco do Brasil）和巴西 Bradesco 銀行，都屬於比較方便的自動提款機。取款時最好使用設立在內部的 ATM，千萬不要用設在路邊的 ATM，因為會給歹徒下手行搶的機會。財不露白絕對是在巴西必須謹守的原則！

預算

首先，不要認為巴西是開發中的南美國家，而覺得物價比北美和歐洲這些蓬勃發展的國家便宜，因為巴西是南美洲生活品質最昂貴的國家，尤其在金融首都聖保羅貧富差距非常明顯，因此物價動輒高過臺灣的 2 ～ 3 倍是稀鬆平常的事！

像是里約熱內盧，在過去幾年觀光業成長非常快，成為巴西境內昂貴的旅遊熱門點。農村和城市郊外往往相對顯著便宜。在城市內搭乘大眾運輸來回一趟的費用約 R$8（約 120 臺幣）。體面的住宿環境，如二星級飯店，一個晚上的住宿約 R$200 起跳（約 3,000 臺幣）。特別是汽車出租，基本款：手排，有安全氣囊，小型車一天的出租費約 R$200（約 3,000 臺幣）。這些交通、住宿的基本開銷，較容易耗掉預算。

當然，如果預算少也是有省錢的方式，青年旅館住宿約 R$80（約 1,200 臺幣），以步行代替交通工具，找免費的景點參觀。每天吃當地的主食黑豆拌飯，或許可以省下一

筆經費。再次貼心提醒，想省錢還是要以安全為上來安排旅程，因為亞洲人的長相在巴西一看就是知道是外國人！

如果想要住舒適的飯店，吃好吃的餐廳，聘請當地導遊或去大部分熱門景點，一天的花費會在 R$500（約 9,000 臺幣）。如果到度假勝地，加上外食或夜生活的花費，是可以輕易提高到一天 R$1,000（約 15,000 臺幣）以上。

請記住，12 月到隔年 2 月是巴西的夏天，在這段期間不但是巴西國內的旅遊旺季，更因為有嘉年華，一般住宿的費用也會增加 30 ~ 50%，甚至翻倍。謹記在巴西境內旅遊花費是相當貴的，就連巴西人本身度假都會因為國內費用高昂而選擇往國外跑！想要來巴西玩，建議最好 6 個月前就開始找優惠機票，並把國內機票和住宿先規劃好，便是省錢的第一步！

國際 & 國內機票怎麼買？

臺北與巴西之間沒有直飛班機，需要經過美加或歐洲轉機。現有日航、韓航、巴西航空、美國航空、聯合航空、加航、法航、德航等公司營運，依季節與月份的不同，票價的波動幅度約在 2,700 ~ 3,300 美元之間。

基本上要飛往巴西機票真的都不便宜，除了可以上機票比價網（www.skyscanner.com.tw）比價購買，建議可向旅行社洽詢會更清楚。來巴西連同轉機的乘機時間，最快也要 30 小時，長的話約 40 小時，是一趟不輕鬆的飛行。

基本上有幾個路線可走：

1. 飛南半球：經香港到南非約翰尼斯堡轉機，再從南非到巴西。

   優點：飛行時間短，不須經過美國

   缺點：機票貴

2. 飛歐洲線：經香港到歐洲城市（如：阿姆斯特丹）轉機，再到巴西。

   優點：不須經過美國，省去多次托運行李和安檢的麻煩

   缺點：機票貴

3. 飛美國線：從達拉斯、洛杉磯或亞特蘭大轉機，再到巴西。

   優點：機票較便宜

   缺點：須先經過日本成田機場或韓國仁川國際機場，再經過美國

在巴西國內旅遊，主要有兩家航空公司可以選擇，最大的航空公司是 GOL 和 TAM。GOL 往往最便宜，現在航空公司競爭激烈，因此提早 6 個月的時間開始網上詢價，是最容易成功買下促銷票的方式。任何機票都可以用主要的信用卡網上購買，或是去旅行社用現金購買。

如果會在巴西境內規劃繁複的旅行，建議可以買 Air passes 的優惠機票方案。TAM 和 GOL，都有類似 US 四個航班約 550 美元或九個航班 1,384 美元的促銷方案。Air passes 只能在巴西以外的出發點購買。若要多了解詳情，請洽詢航空公司。

GOL
電話：0800-2800465
網址：www.voegol.com.br

TAM
電話：0800-5705700
網址：www.tam.com.br

INFO

住宿

在巴西住宿分成很多等級，從青年旅館到車站周邊聚集的二星級飯店，甚至是豪華度假酒店，可依個人預算選擇。有時可以找到一晚 R$80 的住宿，但安全問題會是首要考量的重點。

如果想要一般有基本設備且乾淨的雙人房，一晚起碼也要 R$150 以上。有時三星級的舒適飯店，也會根據不同城市而有不同費用，如里約熱內盧和聖保羅的旅館就相當昂貴，一晚大約 R$200 起跳。另外，千萬不要拿巴西級的旅館與美國或歐洲等級的旅館做比較，在巴西任何消費都會令人有種付相同費用，但品質卻打對折的感覺，以下介紹在巴西不同的住宿方案。

飯店

巴西的飯店都在一到五星級的分類系統，但因為沒有明確的評分標準，所以沒有列入星級的飯店並不一定意味著是很糟的飯店。因此可以使用比較國際的飯店訂購網站（www.booking.com、www.expedia.com），然後多參考旅客的經驗分享。

在巴西，一般飯店都會提供一系列不同的客房，價格差異顯著。quarto 是沒有浴室的客房；apartamento 是附有淋浴間的客房（巴西人在一般飯店不太使用浴缸）；apartamento de luxo 是有淋浴間，也有冰箱的客房。casal 是雙人房；solteiro 是單人房。

如果是住有被評比的飯店，一般 apartamento 等級以上的客房都會配備電話、空調（AR condicionado）和有線電視。因為現在普遍需要 Wi-Fi，就連一般較便宜的飯店也都至少會在大廳設有 Wi-Fi，三星級以上的飯店在客房內提供 Wi-Fi 或有線網路服務，但有時候是需要額外付費才可以使用。

一般的飯店都會加上 10% 的服務費（taxa de serviço），住宿費用通常附自助早餐，包括水果、乳酪、火腿、麵包、蛋糕和咖啡。另外，飯店的客房內通常有一個保險箱供免費使用，儘管不是刀槍不入，但出門旅行把貴重物品鎖在保險箱內是較安全的選擇。

記得在巴西旅遊並不便宜，固然淡季時，多處位在旅遊景點的飯店會提供較優惠折扣，一般在 25 ～ 35%，想撿便宜還是要趁早規劃。

最後，如果看到汽車旅館（motel），在巴西是情趣旅館的意思。嚴格來說，是給夫婦或情侶使用居多。這裡並非不能住宿，但大部分客房都是按小時計費，所以不見得比較經濟實惠。

民宿、公路旅館、莊園小屋

pensão（複數 pensões），是巴西家庭式經營的民宿，往往位於小城鎮。這些民宿有少量的 dormitório（客房），而且每間都具吸引力，有些設備比飯店佳，運氣好也許會有划算的價格，具有相當的吸引力。

在巴西南部，許多 postos 就設在高速公路服務站旁，提供廉價的客房和淋浴，通常保存完好、乾淨，是提供小歇片刻再上路的休憩旅館。

近年來 pousada 這類莊園小屋，提供大量中級和上級的住宿選擇。由於走向多元客製化的風格，在不斷增長的生態旅遊市場，如亞馬遜河保護區和馬托格羅索（Mato Grosso），除了提供住宿服務，還提供活動安排、用餐等多功能服務，這樣的住宿模式逐漸變得相當高人氣。

當地各州不管城市大小，都有不同等級的旅館，方便洽商及旅遊，以下提供聖保羅市較著名的旅館供參考：

· Hotel Grand Hyatt

　地址：Avenida das Nacoes Unidas, 13.301, Sao Paulo, 04578-000

　電話：（011）2838-1234

· Hilton Sao Paulo Morumbi

　地址：Avenida das Nacoes Unidas, 12.901, Sao Paulo, 04578-000

　電話：（011）2845-0000

　傳真：（011）2845-0001

· Hotel Slaviero

地址：Alameda Campinas 1435, Jardim Paulista, Sao Paulo, State of Sao Paulo

電話：（011）3886-8500

· The Universe Flat

地址：Rua Pamplona, 83, Sao Paulo, 01405-000

電話：（011）3298-6600

· Columbia Residence

地址：Rua Ouro Branco 150, Sao Paulo, Estado de Sao Paulo 01425-080

電話：（011）3884-9432

· Paulista Garden Hotel

地址：Alameda Lorena, no 21 - Sao Paulo – SP

電話：（011）3885–8498

E-mail：reservas@paulistagardenhotel.com.br

informacoes@paulistagardenhotel.com.br

· RENAISSANCE SAO PAULO HOTEL

地址：ALAMEDA SANTOS, 2233

電話：（011）3069-2233

· GRAN MELIA

地址：ALAMEDA SANTOS, 1437

電話：（011）3253-5544

· MAKSOUD PLAZA HOTEL

地址：ALAMEDA CAMPINAS,150

電話：（011）3145-8000

備註：另外亦有較為平價的公寓式旅館（Residencial Flat），分布於市區各地。

打包須知

在預訂了前往巴西的機票和住宿，一切都準備就緒後，要前往巴西的必需品有哪些呢？除了要帶的基本衣物、藥品、個人衛生物品，還有哪些東西是必備的，以下列出來供參考。

巴西電壓轉換器

巴西插座通常是兩個圓形引腳，有一些插座也接受美國（兩扁插腳）插件口。巴西

的電壓可能會因地區有所不同，從 110V 到 220V 都有，所以一定要隨身攜帶的設備是雙電壓轉換器。要檢查所攜帶設備是否為雙電壓，首先看看充電器或設備有沒有顯示「100V ～ 240V」，如果有標示就是可以接受雙電壓。

　　電壓規格：巴西各地電壓不同，里約熱內盧州 220/110 伏特、大礦州 220/110 伏特、聖靈州 220/110 伏特、聖保羅州 220/110 伏特、南大草原州 220/110 伏特、巴拉拿州 220/110 伏特、聖卡塔琳娜州 380/220 伏特、南大河州 380/220 伏特。

驅蚊劑

　　登革熱是世界上傳播最快的熱帶疾病，在巴西也是個日益嚴重的問題。如果要降低患上這種疾病的機率，唯一的方法就是使用高強度驅蚊劑以防止蚊蟲叮咬。如果要去野外環境過夜，還需要考慮帶上蚊帳以降低罹患風險。

貼身錢帶 (money belt)

　　Money belt 是相當實用的旅行物品，是一種有放錢小隔層的帶子。巴西惡名昭彰的就是高犯罪率，其中以扒竊和搶劫是最常見的犯罪行為。為了保持現金和貴重物品都在視線範圍，最好的方法就是放入貼身的錢帶。

安全小工具

　　在巴西各地旅行時，帶上安全小工具就可以適時派上用場。配件如背包保護鎖、個人報警器和便攜式保險箱，以幫助保持自身的財物安全。提供給住在經濟型住宿旅客一個相當方便的配件，就是隨身門鎖，這門鎖可以保護個人隱私。如果住宿的客房門鎖老舊不可靠，建議可用隨身門鎖確保休息處的安全。

旅行毛巾

　　巴西擁有世界上最美麗的海灘，令人無法抗拒地想要下水體驗一下，因此一定要準

備毛巾以供隨時使用。旅行用毛巾最好找輕便且吸水性佳的，再者超細纖維材質可以很快晾乾。若是具有抗菌處理的旅行毛巾那就更棒了，因為可以防止異味和黴菌的產生。其他的必需品，還包括抗菌洗手凝膠、急救包、防曬用品。

旅行證件的整理

證件	旅途中	在巴西境內
護照和簽證	帶在身上	保存在保險箱，帶上影印本
飛機票	帶在身上	保存在保險箱，帶上影印本
駕照或國際駕照	帶在身上	保存在保險箱，帶上影印本
緊急聯絡方式	帶在身上	保存在保險箱，帶上影印本
巴西聯絡人或地址	攜帶行李裡	保存在保險箱，帶上影印本
預約資料	攜帶行李裡	建議
行程表	攜帶行李裡	建議
電話單	攜帶行李裡	建議
採購單	攜帶行李裡	建議
現金——美金	帶在身上	保存在保險箱
現金——巴西幣	帶在身上	保存在保險箱，每天只帶你需要的現金
信用卡	帶在身上	保存在保險箱，當你需要時再帶
葡文用語書	攜帶行李裡	帶在身上

當你在巴西

簽證

　　如果在巴西當地遇到簽證問題或需要協助，可以聯絡駐聖保羅辦事處。

　　需要急難救助時，急難救助電話專供緊急求助之用（如車禍、搶劫、有關生命安危緊急情況等），非急難重大事件，請勿撥打；一般護照、簽證等事項，請於上班時間以辦公室電話查詢。

駐聖保羅臺北經濟文化辦事處

（葡文為 Escritorio Economico e Cultural de Taipei）

地址：Alameda Santos 905, 12F Cerqueira Cesar-CEP:01419-001 Sao Paulo, SP Brasil

電話：（55-11）3285-6988、3285-6103、3287-9385

傳真：（55-11）3287-5684

電子郵件：taiwansp@yahoo.com.br

網址：www.taiwanembassy.org/BR/SAO

急難救助電話

行動電話：（55-11）995744577

巴西境內直撥：99574-4577（聖保羅大都會區）

長途臺號碼：（11）99574-4577（其他地區）

受理領務申請案件時間：周一至周五 09:00 ～ 12:00、13:30 ～ 16:00

入境巴西聖保羅

· 凡入境的旅客都要有簽證，17 歲及以下孩童亦必須有自己的護照和簽證。

· 3 個月至 6 歲的兒童也必須出示有接受百日咳、白喉、破傷風和脊髓灰質炎（cPDT Polio）這四合一疫苗的注射證明。

· 護照有效期至少為 6 個月。

· 請攜帶你的回程機票。

· 在抵達巴西過海關時，遊客將收到 90 天的入境驗訖章及加蓋入境卡。請務必收好入境卡，若遺失會罰款。離開時，需要繳回入境卡。

· 如果有必要，簽證可以再延一次 90 天，但需要到聯邦警察局申請。若有需要可以聯繫駐聖保羅臺北經濟文化辦事處。

巴西海關

巴西海關通常不可能逐一仔細地檢查，但有時還是會碰到抽查，這時行李可能被徹底檢查。遊客可以攜帶任何非個人使用的物品，包括各式電子產品、相機和筆記型電腦，可能會被要求登記這些物品項目，以確保會帶著同樣的物品離開，而不是來當地做買賣。在國外購買價值超過 500 美元的禮品也必須申報。

聖保羅國際機場

聖保羅市的主要機場是 Aeroporto Internacional de São Paulo / Guarulhos-Governador André Franco Montoro，簡稱為 Guarulhos（發音 gwa-RULE-yoos），聖保羅瓜魯柳斯國際

機場（www.gru.com.br），位於聖保羅市的東北部約 26 公里處。聖保羅瓜魯柳斯國際機場目前正在進行大規模的建設，包括建立一個新的 3 號航站，目前已開放使用。

從 GRU 機場前往市區

公車

　　有一種專門從機場到 Tatuapé 地鐵站運行的公車（總花費約 R$7，行車時間約 50 分鐘到達聖保羅市中心）。轉乘地鐵單程的費用則是 R$3。

> **瓜魯柳斯機場巴士訊息**
> 電話：0800-2853047
> 網址：www.airportbusservice.com.br/en
>
> INFO

專業的機場巴士服務

　　提供連接聖保羅瓜魯柳斯國際機場與各大飯店、巴士總站，以及一些聖保羅市的各個商業區和國內孔戈尼亞斯機場（Congonhas Domestic Airport），可以上網查詢 www.airportbusservice.com.br 或撥電話 08007702287，單程費用約 R$34，行車時間為 1～2 小時，視交通狀況有所不同。

機場計程車

　　聖保羅瓜魯柳斯國際機場在第 1、2 號航站出口設有預付的專業機場計程車服務。依照地址輸入系統定價，付費後把票根交給計程車司機無需多付費就會載到要去的目的地。這是機場很安全的服務，一般開往聖保羅市中心大約要 R$100，車程約 40～60 分鐘，根據當天的交通狀況而定（往往會碰到塞車，因為聖保羅市的交通是出了名的壅塞）。

注意事項

旅遊警訊

1. 除了正式場合，衣著宜簡單樸素。
2. 請勿入夜後到市區、偏僻街道及貧民窟等地區閒逛，以免發生危險。
3. 除了參加旅行團的共同旅遊行程，不宜單獨外出。
4. 外出購物切勿獨行，避免在人潮擁擠時前往，盡量使用信用卡或支票，避免手持太多物品，導致無法兼顧錢包或貴重物品。
5. 外出時身上不宜攜帶大量現金、佩戴首飾及貴重手錶；付帳盡量使用信用卡（貴重物品、現金及旅行證件宜置於旅館保險箱）。
6. 夜間避免外出，盡量結伴開車同行，互相照應。

7. 倘若不幸遇搶，請盡量保持鎮靜，千萬不要反抗，寧可花錢消災，以求人身安全為上策。

衛生防疫

巴西境內的自來水大多含雜質及鐵鏽，應避免生飲，建議前往超市或藥局購買礦泉水飲用。

交通安全

1. 巴西人喜歡開快車，車禍肇事率高，加上巴西曾在 2001 年 6 月起實施限電措施，儘管之後已解除管制，但是仍常出現限電的情況，以致部分路段的路燈數量減少，路況稍嫌昏暗。所以，旅客不管開車或走路，仍應特別注意安全。

2. 巴西北部 1 月至 4 月、東北部 4 月至 7 月、里約熱內盧及聖保羅 11 月到隔年 3 月均為雨季，滂沱大雨可能造成山路和連接海灘的公路坍方或淹水，如果要開車旅遊，建議先查詢氣象資訊。

3. 自行開車時，請將車窗、門緊閉並按下車窗鎖。行經紅綠燈停車時，若有人前來兜售物品或搭訕，切記勿搖下車窗。下車時，勿將皮包及任何物品留置於車內。

4. 搭乘大眾交通工具時，應事先備妥零錢或車票，切忌在上車掏出錢包，且勿將錢包置於後口袋。車上旅客稀少時，應盡量選擇靠近司機旁的位置。

醫療設備與保險

巴西各地區醫療水準參差不齊，大城市醫療水準低落，而偏遠地區醫療資源匱乏。一般公共醫療體系服務甚差，私人醫療院所非常昂貴，若遇住院或轉院花費不貲，建議出國前備妥旅遊醫療險。

緊急號碼須知

· 受理報案專線：190
· 緊急救護及火災專線：193
· 駐聖保羅辦事處緊急聯絡電話：95744577
下列主要觀光大城都有觀光警察，對觀光客出入地區加強巡邏，專線為：
· 里約 Rio de Janeiro-RJ：21-25115112
· 聖保羅 Sao Paulo-SP：11-32820160
· 薩爾瓦多 Savaldor-BA：71-3227155
· 佛達雷莎 Fortaleza-CE：85-2613760
· 海息飛 Recife-PE：81-3269603

小費規則

　　在一般的餐廳用餐，大多數的服務人員會收 10％的小費。小費通常已經包含在帳單裡，可以看到帳單明細上清楚的加上這項費用。如果服務生的服務態度非常好，也可以給更多。如果帳單的明細上沒包含服務費，一般禮貌性還是會給小費，習慣上一樣是 10％直接交給服務生。

　　有些地方的小費則不是強制性，如當地的果汁站、酒吧或小咖啡店、海灘上的小攤販、停車助手；加油站服務員、理髮師，由於大多數服務業薪資相當低而不穩定，因此不成文的規定一般都會準備 R$2（約 30 臺幣），意思意思地給點小費！

2

體驗，聖保羅不斷變化的城市生活

Experiência, sempre mudando a vida da cidade

南美洲首富：聖保羅

聖保羅（São Paulo）有許多驚喜，國際化的資本主義在聖保羅市發揚光大，保存完好的自然景觀不論是海灘、山脈，還是河流和森林，給予來此地的人足夠的商務和休閒空間。聖保羅州的面積比英國稍大，對於移民或外來人士有相當高的接受度，因此有超過 70 個國家的人都來聖保羅市尋找新的機會、文化和娛樂。綿延 600 公里長的海岸線，是衝浪者的最愛，熱門的衝浪區在 Cananéia 和 Juréia。如果喜歡挑戰極限運動，可以去 Boituva 跳傘。鄰近的歐洲小鎮坎普斯杜德傑道（Compos do Jordão），為聖保羅的冬季提供不同的景色。

1 月 25 日是慶祝巴西最大城市聖保羅很重要的日子，截至 2015 年，她已經 461 歲了！1554 年，耶穌會的 Manuel de Nóbrega 和 José de Anchieta 在這個高原上建立村莊，並命名為 São Paulo dos Campos de Piratininga。當時繁瑣的名字而今已被縮短成聖保羅，

就像洛杉磯的簡稱 L.A.。這裡是巴西經濟和政治的重要城市，也是巴西人口最多的城市。聖保羅有自己獨特的魅力，許多 Paulistanos（住在聖保羅的巴西人）發誓，在地球上，他們不會想要住其他地方。

聖保羅是南美洲的首富，遊客可以透過公共汽車、地鐵、火車和計程車在城市裡往來。然而，大家還是會天天經歷這裡可怕又擁擠的交通。地鐵每天從上午 4 點 40 分開始運行，是驅動著南半球最大的城市原動力。聖保羅是國際化的中心，這裡是南美洲文化、美食、娛樂、夜生活、經濟、時尚等的領導城市。在巴西，聖保羅是擁有最多義大利和日本移民的都市，聖保羅的巴西人也相對較開放，能夠接受亞洲文化和飲食。

聖保羅擁有 260 家電影院、181 座音樂廳、79 家購物中心、75 個公園和綠地、90 間藝文空間和無數的夜總會與酒吧，因此大家都說聖保羅是個不夜城。此外，吸引更多遊客的是文化和藝術，如創作藝術雙年展（Bienal de Arte）、世界上最大的同性戀大遊行主題活動、體育賽事和嘉年華森巴比賽，都是參與這城市的最佳活動。

文化大熔爐

如何可以見證這座城市文化的相容性？答案就在餐桌上！聖保羅擁有約 1,200 家餐廳，將近 60 種不同類型的美食，所謂的美食饗宴在此已經是官方的文化活動。聖保羅各式各樣的口味，都分別呈現在酒吧、啤酒屋、餐廳、美食街、咖啡廳和小吃店。從傳統的糕點到國際知名廚師 Alex Atala 的餐廳，不遜於世界上其他美食之都，可見吃是所有聖保羅居民的興趣之一。

不斷翻新的美食組合，始終提供一個新趨勢、新口味，有時是受到新文化的影響。令人絕對想像不到在這個熱情的南美國家，可以吃到傳統的日本料理，從拉麵到壽司和生魚片，全部都吃得到。其中，義大利菜也是這個城市其中一種最普遍的菜餚，有傳統的義大利美食，或是加入巴西文化的義大利自助餐廳。阿拉伯餐廳或中東的羊肉家庭餐館，這些都是移民代代相傳的「祕密料理」，也是 Paulistanos（住在聖保羅的巴西人）相當支持的異國美食。

飲食是城市市民生活很重要的一部分。聖保羅，一個不斷變化的城市，有韓國、印度、祕魯、中國、泰國、俄羅斯、西班牙、安地斯山、法國、德國、斯堪的納維亞、希臘等美食，都在這個城市演變出融合當地的巴西美食。

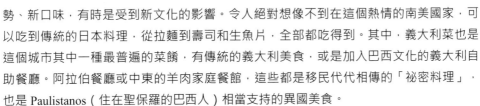

1 西班牙料理　　　　　　　　　2 義大利料理
3 巴西料理　　　　　　　　　　4 德國料理

認識聖保羅市區交通

　　聖保羅大都市的交通混亂狀況，被評價為全世界最嚴重的城市之一，它的交通阻塞足以讓各國來的新移民和當地居民都嘆為觀止。隨著直升機在世界上成為較普遍的交通工具之一，聖保羅市的商務精英可都選擇乘坐直升機上下班通勤，以避免癱瘓在城市的交通裡。因此，直升機升降的螺旋聲是聖保羅市的特色之一，想像一下一眼望進城內的方向，上空盤旋著無數的直升機，這是非常真實的畫面，一點都不誇張。雖然在 70 年代初有 Minhocão（高架橋）的完成，但也只能稍微減輕交通流量的壅塞。

　　聖保羅州就居住超過 1,900 萬居民和 620 萬輛汽車，是巴西人口最密集的一州。而光是聖保羅市就容納超過 1,100 萬居民和 420 萬輛汽車。聖保羅市擁有世界上第二大直升機機隊，其次主要的交通工具則是私家車、大眾運輸（公車和地鐵），此外還有步行。雖然大眾運輸費用不貴，但因為上班的地點不一定是公車或地鐵可以直達，所以還是有近一半的家庭選擇開車上下班通勤。

　　要怎麼樣利用現有的交通工具，則取決於要去哪裡或停留的地點，聖保羅市有地鐵線、火車線，以及連接貫穿整個城市的公車路線。其實，在旅行中嘗試當地的大眾運輸工具，也是一種相當有趣的冒險！最後有可能步行會是你的首選也不一定。

在聖保羅市開車

為了防止交通雪上加霜，聖保羅市每個有車階級都只能在特定時間開車上路，目標是希望可以維持一個不太擁擠的城市街道。若要在聖保羅市駕駛汽車，必須要明白RODIZIO，意即車輛流量控制法是如何在這整個城市運行。

RODIZIO，意為旋轉，是在試圖減少城市街道的壅塞，這樣的系統在南美洲首先運用於墨西哥城，然後在西元 2000 年前後引進聖保羅市。大多數的當地人會跟你一樣恨它，因為它明確限制可以開車出門的時間。但是仍必須了解它是如何運作，以免遭罰款。當了解該系統後，相對的會比較容易去執行。它以車牌最後一個數字，來決定可以上路駕駛的時間，這種系統能規範在某些比較容易阻塞的地區允許行駛的時段。

星期幾	星期一	星期二	星期三	星期四	星期五
車牌尾數	1、2	3、4	5、6	7、8	9、0

主要是限制上下班的尖峰時間，上午 7 點到 10 點和下午 5 點到晚上 8 點。迄今為止，交通管理已不限於「車牌照號碼管制」（RODIZIO），平日政府也有相關部門一直在採取行動，補救城市惡名昭彰的交通壅塞，官方建議朝著概念性的方向改善，如優先發展公共交通，以及行人和周末騎自行車的健行活動。

聖保羅市的地鐵系統

雖然電車已普遍成為 20 世紀最常見通行於城市的交通工具，但聖保羅市沒有電車線，只有三種快速運輸系統：

1. 地下鐵路系統：稱為 Metrô，簡稱「地鐵」，有四條路線。
2. 郊區鐵路系統：COMPANHIA 保利斯塔大都會火車（CPTM），有六條路線，服務目前地鐵系統無法到達的市中心外地區，該 CPTM 分布比地下鐵路系統更長。
3. 快速通道路系統：在這個城市裡有很多這樣的交通路線，被稱為「快速通行道」。

聖保羅市的地鐵是由聖保羅州所有，並由大都會聖保羅公司 Companhia Do Metropolitano De São Paulo（聖保羅地鐵公司）經營。聖保羅地鐵始建於 1968 年 4 月 24 日，第一條 1 號藍線以南北向通行市中心為設計理念，於 1974 年完工，正式開始營運，從南區的賈巴爾普爾拉（estação Jabaquara）連通北區的梯跕彼（estação Tucuruvi）。

當地乘客稱它為 Metrô，當年聖保羅市的地鐵在全南美洲規模最大，被認為是最先進的世界地鐵之一。1 號藍線受舊金山灣區捷運系統的影響，可以明顯地從列車車頭看到和舊金山 Bart 幾乎一模一樣的車型。地鐵路總長 65.3 公里（其中 34.6 公里是在地下）。目前，地鐵運營主要分為四條路線：1 號藍線、2 號綠線（開通於 1991 年）、3 號紅線

（開通於 1979 年）、4 號黃線（開通於 2010 年），有 150 車次列車通行 58 個站。此外，加上 260.7 公里的輕軌火車線服務通行於整座城市。輕軌火車是屬於鐵路系統，由 CPTM 經營。

CPTM 和 Metrô 結合的地下鐵路線，每個工作日平均載運大約 520 萬人進出這個大城市。聖保羅市政府預測未來五年會有 100 萬人需要更便利、快速的交通系統，所以一直有多加幾條地鐵路線的計畫，以擴大聖保羅市的鐵路系統，期望在未來 10 年內，從目前的 322.2 公里建設到超過 500 公里。

總之，聖保羅的 Metrô 和 CPTM 是全世界最繁忙的鐵路系統之一，儘管載運大量乘客，仍是一項比較可靠和安全的交通工具。

根據我個人的經驗，迄今使用聖保羅地鐵系統，我認為算是較實際的交通工具。大多數的地鐵站都很大，光線充足，有良好的空間規劃和一定的清潔。雖然相較於其他大城市的系統，還是有很多需要改善的地方，但已足夠以最簡便的方式貫穿聖保羅市的中央街區及一些外圍地區。而一趟的票價 R$3（約 45 臺幣），是這城市裡相對經濟實惠的交通方式！

聖保羅的公車系統

跟聖保羅市的 Metrô 地鐵站一樣，也有一些地方只能搭乘公車到達。公車是當地最廣泛運用的交通工具，雖然絕對不是最省時的方式，但絕對最省錢。聖保羅市裡的公車幾乎無所不在地通行於這座城市，公車行駛的站點非常多且頻繁。然而整個大城市缺乏公車站牌，導致公車系統很難瀏覽。一般比較容易找到有公車站牌的地點，是靠近地鐵站出口附近；其他方法就是在車的前面和兩側看出路線訊息。在里約熱內盧則可以運用一個小技巧，就是以特別的景點和餐館作為自己的地標。

公車搭乘的費用和 Metrô 一樣都是 R$3，並沒有像臺灣的公車分兩段票，因此一上車付費後就可以一路坐到目的地。由前門上車時，會有收費員收取費用，可以用現金或地鐵儲值卡付費。公車的前方靠近收票處的座位，是留給老弱婦孺的博愛座。如果一個人都沒有時，就可以使用這個座位。但如果有老弱婦孺乘客需要，而沒有讓位，是會令巴西人瞧不起的喔！

另外，也許會看到如下描述的公車文化：如果一個人揹著個沉重的書包或袋子站在公車上時，通常坐在旁邊的乘客會想要幫忙拿，這樣站著的乘客就可以把重量減輕一點。這在巴西是一個非常普遍的公車或地鐵文化，而不應先入為主視為是正在盜竊的手段。

在此有個小叮嚀，聖保羅市的交通阻塞出了名的可怕，如果趕時間則建議先以搭乘地鐵為主，然後在必要時轉搭計程車。

搭乘公車應該注意的事項：

1. 確定要去哪裡後，把 Google Map 印出來，地址也在紙上寫好。不要不時使用智慧型手機查詢。

2. 請勿隨身攜帶貴重物品，包括現金、珠寶和手錶都盡量放在住處。若有 BILHETE ÚNICO（儲值卡）就少帶現金，要用現金買車票時請準備好零錢。

3. 如果必須攜帶錢包或背包，請揹在前方視線看得到的位置，再用一隻手護著就可以了。

4. 避免在上下班的交通尖峰時間搭乘。

5. 在公車站等待時，保持警覺。如果有人接近，請混入人群裡比較安全。

6. 不要在等公車時無戒心的滑智慧型手機。

7. 在公車上，務必保持警覺。

搭乘公車的環境裡，應該不至於會讓人感到害怕或緊張，一般情況下，搭乘公車都是吃苦耐勞、工人階級的民眾，在一天結束的時候，他們也只是想回家。我把以上現況分享給各位旅行者，畢竟出門在外，行事謹慎是好的習慣。

什麼是 BILHETE ÚNICO 地鐵儲值卡？

在乘坐地鐵或公車時，會經常看到聖保羅居民使用 BILHETE ÚNICO（儲值卡，類似臺北捷運的悠遊卡），這是聖保羅交通非接觸式智能卡。此系統採用 PHILIPS 公司的 Mifare 技術，是 SPTrans（聖保羅市公交運輸公司）所提供的方案，由市政府控制發行與管理。

2004 年 5 月 18 日起，開始在公車上接受使用，只要支付一次的票價，就允許兩小時內轉搭公車和地鐵四次。自 2006 年以來，它可以通用於聖保羅地鐵和 CPTM 經營的市郊輕軌鐵路。所以若需要搭乘各種不同的大眾交通工具，這一張小卡便可以優惠的通行無阻於整個聖保羅市！

在任何一個地鐵站的 BILHETE ÚNICO 售票處，任何人都可以購買到此卡，價格以最低的 R$15 開始，然後往上儲值。若在聖保羅就學，持學生證可以有更多優惠，只需要支付半價！

計程車

首先請拋開對小黃的定義，因為聖保羅的計程車都是白色的，然而白色的車，並非都是計程車，若是計程車則會在車頂顯示「TAXI」的燈示。

在城市的中心街區，會發現，在幾乎每一個角落裡都有一個「PONTO DE TAXI」是專門等計程車的專區。這些計程車站由停在那裡的計程車司機共同擁有和經營。有的計程車司機已經開車超過 20 年，他們會一起維護它，也只有他們可以在此停站、接乘客。這就是為什麼某些站臺上有一架電視、一個舒適的長椅，乘客也可以坐下來等計程車。

在聖保羅市的計程車司機一般都很友善，但由於大部分不會講英文，所以請盡可能把要去的地址和區域先查好，並抄在紙上。由於城市區域分布廣大，並非所有的司機都知道所有的街道和區域。上車後，可以先要求司機把地址輸入進 GPS 導航。另外，由於出門在外而且語言不通，若從定點出發如飯店，建議請飯店的人幫你叫車，並先幫忙跟司機溝通好。

切記，一定要乘坐有計價器的計程車，起跳的價錢是 R$4.20。

搭乘計程車應該注意的事項：

1. 在巴西會聽到很多搶劫案件，所以連巴西人都會互相提醒，乘坐公車或計程車時，請不要拿出筆電、平板或智慧型手機。

2. 不要把貴重物品隨意擺在計程車的後座上，因為那些騎車路過的機車搶匪，將尋找機會，如等下一個紅綠燈時，就會打破窗戶，搶走東西。這樣搶劫案例非常多。

聖保羅地鐵路線

　　聖保羅地鐵系統建於 1968 年 4 月 24 日，是巴西規模最大，也是聖保羅的主要交通系統，為聖保羅市最簡單的旅行方法。該系統分為 5 條路線，總長 75.5 公里，目前有 65 站。

■ 聖保羅地鐵的營運時間：

　　平日從 04:40 到 00:20，周末從 04:40 到 01:00。在尖峰時間，每班車約 1 ~ 2 分鐘，在非尖峰時間每班車約 3 ~ 5 分鐘。

■ 地鐵路線：

　　目前地鐵系統有 5 條路線，5 條路線都是由顏色來識別。

· **1 號線是藍線**：1974 年開通，在 Tucuruvi 和 Jabaquara 兩地之間運行。路徑的總長 20.2 公里，服務 23 個站。這條線的車站主要構建在地下。

Jabaquara　Conceição　São Judas　Saúde　Praça da Árvore　Santa Cruz　Vila Mariana　Ana Rosa　Paraíso　Vergueiro　São Joaquim　Liberdade　Sé　São Bento　Luz　Tiradentes　Armênia　Portuguesa-Tietê　Carandiru　Santana　Jardim São Paulo-Ayrton Senna　Parada Inglesa　Tucuruvi

· **2 號線是綠線**：1991 年開通，在 Vila Madalena 和 Vila Prudente 兩地之間運行。路徑的總長 14.6 公里，服務 14 個站。綠線也稱為保利斯塔線（Paulista），因為它穿過聖保羅主要的金融中心而得名。

Vila Prudente　Tamanduateí　Sacomã　Alto do Ipiranga　Santos-Imigrantes　Chácara Klabin　Ana Rosa　Paraíso　Brigadeiro　Trianon-Masp　Consolação　Clínicas　S. N. Sra. de Fátima-Sumaré　Vila Madalena

· **3 號線是紅線**：1979 年開通，在 Palmeiras - Barra Funda 和 Corinthians - Itaquera 兩地之間運行。路徑的總長 22 公里，服務 18 個站，以西到東的方向運行，是非常忙碌的一條路線。

Corinthians-Itaquera　Artur Alvim　Patriarca　Guilhermina-Esperança　Vila Matilde　Penha　Carrão　Tatuapé　Belém　Bresser-Mooca　Brás　Pedro II　Sé　Anhangabaú　República　Santa Cecília　Marechal Deodoro　Palmeiras-Barra Funda

· **4 號線是黃線**：2010 年開通，在 Butantã 和 Luz 兩地之間運行。路徑總長 12.8 公里，服務 6 個站，以東南西南的方向運行。4 號線目前計畫將進一步擴建 2 公里，多增加 2 個站。

Luz　República　Paulista　Faria Lima　Pinheiros　Butantã

‧**5 號是紫丁香色線**：2001 年開通，在 Capão Redondo 和 Largo Treze 兩地之間運行。
路徑的總長 8.4 公里，服務 6 個站。5 號線也計畫進一步擴建 11.4 公里，多增加
11 個站。

BILHETE ÚNICO 的 Ponto Certo 儲值站　　　　　　　售票處

好用的交通票券

　　2006 年，聖保羅地鐵系統引入了地鐵專用的悠遊卡，名為 BILHETE ÚNICO，可以
提供儲值功能，一張單程的地鐵票價格為 R$3，可以使用自動販賣機查看餘額，或者到
Ponto Certo 儲值站加值。如果不想要買悠遊卡，也可以到售票處單獨購買需要的地鐵票。
一張地鐵票，可以在 3 小時內轉車 4 次搭乘地鐵、公車、火車，無須再買票。

　　BILHETE ÚNICO 可以和 CPTM（火車或公車）與地鐵系統一起使用，且可用
R$8、R$20、R$50 等價位來儲值。

BILHETE ÚNICO 正面

BILHETE ÚNICO 反面

CPTM 與地鐵系統

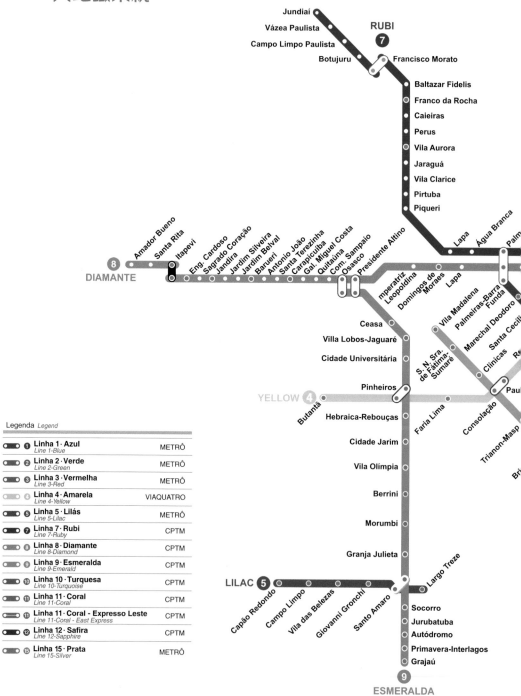

Legenda *Legend*

● ❶	**Linha 1 · Azul** *Line 1-Blue*	METRÔ
● ❷	**Linha 2 · Verde** *Line 2-Green*	METRÔ
● ❸	**Linha 3 · Vermelha** *Line 3-Red*	METRÔ
● ❹	**Linha 4 · Amarela** *Line 4-Yellow*	VIAQUATRO
● ❺	**Linha 5 · Lilás** *Line 5-Lilac*	METRÔ
● ❼	**Linha 7 · Rubi** *Line 7-Ruby*	CPTM
● ❽	**Linha 8 · Diamante** *Line 8-Diamond*	CPTM
● ❾	**Linha 9 · Esmeralda** *Line 9-Emerald*	CPTM
● ❿	**Linha 10 · Turquesa** *Line 10-Turquoise*	CPTM
● ⓫	**Linha 11 · Coral** *Line 11-Coral*	CPTM
● ⓫	**Linha 11 · Coral - Expresso Leste** *Line 11-Coral - East Express*	CPTM
● ⓬	**Linha 12 · Safira** *Line 12-Sapphire*	CPTM
● ⓯	**Linha 15 · Prata** *Line 15-Silver*	METRÔ

BLUE

1

- Tucuruvi
- Parada Inglesa
- Jardim São Paulo-Ayrton Senna
- Santana
- Carandiru
- Portuguesa-Tietê
- Armênia
- Tiradentes
- Luz
- São Bento
- Sé
- Liberdade
- São Joaquim
- Vergueiro
- Paraíso
- Ana Rosa
- Vila Mariana
- Santa Cruz
- Praça da Árvore
- Saúde
- São Judas
- Conceição
- Jabaquara

Barra Funda

Luz

Pedro II

Brás

Tatuapé

Belém

Bresser-Mooca

Carrão

Penha

Vila Matilde

Guilhermina-Esperança

Patriarca

Artur Alvim

Corinthians-Itaquera

Guaianases

Antonio Gianetti Neto

Ferraz de Vasconcelos

Poá

Calmon Viana

Suzano

Jundiapeba

Braz Cubas

Mogi das Cruzes

Eng. Goulart

USP Leste

Comendador Ermelino

São Miguel Paulista

Jardim Helena- Vila Mara

Itaim Paulista

Jardim Romano

Eng. Manoel Feio

Itaquaquecetuba

Aracaré

José Bonifácio

Dom Bosco

12 SAFIRA

CORAL

11 Estudantes

RED

3

GREEN

2

- Vila Prudente
- Tamanduateí
- São Caetano
- Utinga
- Prefeito Saladino
- Pref. Celso Daniel-Santo André
- Capuava
- Mauá
- Guapituba
- Ribeirão Pires
- Rio Grande da Serra

10

TURQUESA

Mooca

Ipiranga

Chácara Klabin

Santos-Imigrantes

Alto do Ipiranga

Sacomã

BEM-VINDO

53

查詢路線、時刻與票價

由於班車頻繁，一般大眾都是直接到地鐵站等車，如果需要更多資訊可以查詢官網：www.metro.sp.gov.br/sua-viagem/horarios.asp。官網以葡萄牙文為主，在此整理翻譯一些有用的詞句，幫助大家搜尋需要的資料：

· Situação das Linhas——路線情況

· Achados e Perdidos——失物招領

· Mapa da Rede——路線地圖

· Horários de Funcionamento——營業時間

· Programa de Visitas do Metrô——地鐵參觀

· Bilhetes e Cartões——門票和悠遊卡

如果需要更多幫助可以聯絡資訊中心：

· 電話：0800-7707722

· 時間：每天 05:30 ~ 23:30

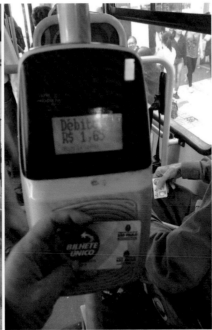

等公車　　　　　　　上公車付費　　　　　　　在公車上

如何購票與搭乘公車

近 10 萬多輛的公車每天在聖保羅市運行，單程車票可在彩券店或 SPTrans 的售票處購買，也可使用 BILHETE ÚNICO（地鐵和公車皆可使用此悠遊卡）。同張 BILHETE ÚNICO 卡於 3 小時內，可轉車 4 次無須多付費。乘客必須從前門上車付費，有專人收票，下車則從後門。

公車

· 費用：自 2006 年 11 月 30 日起，公車票價為 R$2.30。

· 網址：www.sptrans.com.br

· 電話：156（免費）

計程車站

計程車

如何搭乘計程車

　　在聖保羅市搭乘計程車比在其他南美洲城市安全。一般可以在城市裡的計程車站等車，不必隨手招車，只要準備好清楚的地址交給司機即可。聖保羅的計程車司機通常會使用 GPS 導航，收費方式也以現金為主。收費以 R$4.20 起跳，然後每公里加 R$2.50。

聖保羅市 Old Town

20 世紀留下的古蹟和現代主義風格，使聖保羅市中心穿插著極具特色的建築物。在聖保羅市中心，新舊的不斷交替、整修，靠地圖尋找歷史是不容易的事情。只有親自一步一腳印地踏上街道，隨著所見所聞才能實際感受那多層網狀的空間感。想要感受這城市的歷史心臟，則需要透過一些城市最古老的建築。其中不知有多少古蹟在過去幾十年間，已改建成停車場及大樓住宅。

巴西現代主義的標誌性建築，大部分由奧斯卡・尼邁耶（Oscar Niemeyer）在 1907 ~ 2012 年所設計。他是巴西相當重要的設計師，由於對潮流極度敏銳，開啟創新所謂巴西人稱道的前衛建築。

在城市的藝術氛圍中成長的地標，最經典也最令人印象深刻的建築物是聖保羅歌劇院，由拉莫斯・阿澤維多（Ramos de Azevedo，1851 ~ 1928 年）設計，靈感來自於巴黎

歌劇院。於 1911 年在慶祝其百年誕辰前向公眾開放，歌劇院旁是全新的 Praça das Artes，則於 2013 年初向公眾開放，為聖保羅舞蹈學校的新駐點。這座歌劇院其實是鋼筋混凝土的建築物，也是復興古典音樂和戲劇學院的建設。

往 Anhangabaú 谷道一看，正面迎著聖保羅舊的中央郵局（DOS Correios），現在不定期會舉辦藝術展覽，很值得去周圍逛逛。站在中央郵局由高處往下望去，會看到山谷地形，雖然河流已往下水道流，但河道兩旁是城市裡最高的建築物。從此處仍依稀看得見聖保羅市中心在 20 世紀初，激進和快速形成的痕跡。

右前方是馬蒂內利大廈（Edifício Martinelli）其歷史可追溯到 1929 年，與其比鄰的是 Altino Arantes building，當地稱為 Banespão，靈感來自紐約的帝國大廈。它完成於 1947 年，是目前巴西第三高建築物。再往左邊看去，就是城市裡最高的摩天大樓 Palácio W. Zarzur，也被稱為 Edifício Mirante do Vale，意思是「眺望峽谷的公寓」，於 1960 年完成。

我們的足跡可謂由舊看新、新再看舊，也許隨著城市不斷更新，要找尋那熟悉的回憶會變得越來越不容易。如果還可以找到城市的開始，那就是 Pátio do Colégio，這裡擁有全聖保羅市最古老的建築物，耶穌會的教堂與學校，興建於 16 世紀。如今其中一座教堂所占用的地基已轉變成博物館、圖書館和咖啡館，供後人巡禮城市的歷史。兩側的學校是國家司法大廈，也是巴西建築師拉莫斯·阿澤維多在聖保羅完成的首項建設。

都市人往往瀟灑地說，舊的不去、新的不來，聖保羅是巴西最大的經濟體，擁擠的城市生活讓可用空間變得侷促。在更新城市的同時，如何取得一個保留古蹟的平衡點是新一代的挑戰。因此，來巴西的朋友們，請抱持開放的心態——多一點耐心，細細尋找屬於自身體驗的巴西古早味！

聖保羅歌劇院 (Sala São Pualo)

Sala São Pualo 又名 Theatro municipal，是市中心的新古典主義之寶，也是聖保羅最令人驚豔的歷史性建築之一。

這是一個具有歐洲風格的古典歌劇院，由巴西建築師拉莫斯·阿澤維多設計，並與兩位義大利設計師克勞迪奧·羅西（Cláudio Rossi）、東門詹挪·羅西（Domiziano Rossi）合作，歌劇院兼具新文藝復興和新巴洛克風格，兩者滿足了城市裡上層階級對國際化的渴望。

聖保羅歌劇院象徵著這個城市因為咖啡種植所帶來的經濟繁榮，進而提升了生活品質，也徹底改變了巴西的藝術氣息！這座美輪美奐的歌劇院，於 1911 年向大眾開放，如此高級的享受吸引來自巴西最頂尖的古典音樂、歌劇和芭蕾人才。1912 ～ 1926 年，在此演出了 88 齣歌劇，而來自義大利、法國、巴西和德國的 41 位作曲家陸續發表了 270 場

演出。目前它是聖保羅市交響樂團、Coral LIRICO（抒情合唱團），以及聖保羅市市立芭蕾舞團的駐點。

　　歌劇院是聖保羅很重要的一個城市地標和文化象徵，在經歷近兩年的修復工程後，於 2011 年 6 月重新啟用。在過去幾年中，逐步安裝最先進的舞臺設備。內飾方面，包括青銅雕像、新古典主義列柱、細緻的飛簷、天花板壁畫、彩色玻璃窗，都經過精心修復。歌劇院步入一個新的階段，並重新定位，成為國際化的歌劇和芭蕾舞表演場地。

聖保羅歌劇院
地址：Praça Ramos de Azevedo, República,
　　　São Paulo
電話：（11）33970300
交通：地鐵 3 號紅線 Anhangabaú 站

硒大教堂 (Catedral da Sé)

硒大教堂，葡萄牙語稱為 Catedral da Sé 或 Catedral Metropolitana de Sao Paulo（聖保羅天主教大教堂），在聖保羅市是天主教大主教管區的大教堂，也是南美洲最大的教堂。

硒大教堂位於聖保羅市中心的硒廣場（Praça da Sé），在紅色和藍色地鐵線交叉的硒地鐵站前。它是這個城市主要領導信仰的教堂，很多大大小小的祭典都在此舉行。因為場地可容納多達 8,000 人。

硒大教堂的歷史可以追溯到 1589 年，起初是一座主教堂建在當時的聖保羅小村莊，而這座教堂位於目前大教堂存在的部位，前後不斷更新擴建。1745 年，老教堂被拆除，重建一座以巴洛克風格為主的新教堂，約於 1764 年完成，這個小小教堂的建地就是硒大教堂的現址。直到 1911 年，它又再度被拆除。

而後接手復興大教堂工作的是聖保羅第一位主教。教堂重建於 1913 年，由德國建築師馬克西米利安·埃米爾（Maximilian Emil Hehl）設計重建，以新哥德式風格為主，教堂圓頂則是具有文藝復興風格。後因遭遇一次世界大戰，各項進展緩慢，未完成的新教堂在 1954 年舉行落成典禮，400 百周年慶典後，因為戰亂而被迫停工的塔，也終於在 1967 竣工完成。

硒大教堂的地基長 111 公尺、寬 46 公尺，兩個塔樓各為 92 公尺高，其中主教室的圓形屋頂高度超過 30 公尺。教堂內有 800 多噸罕見的大理石，被用於建構教堂地基。所有裝飾，如馬賽克彩色拼貼畫、雕塑品和家具組，都是從義大利直接運送至巴西。聖殿中，除了一般聖人和天使的擺飾，教堂的內部裝飾著彩色玻璃窗、大理石地板，另外還有巴西農產品咖啡豆、各國水果及本土動物造型的雕刻品。座落在大教堂主祭壇下方的地下室，是長眠於硒大教堂的主教、大主教，以及巴西歷史幾個重要人物的墓葬。

硒大教堂分別在 2000 ~ 2002 年間進行了全面整修，經過三年多項繁複工程的復原，總算忠實還原了硒大教堂的真面貌。

硒大教堂

地址：Praça Da Sé, s/n - Sé - São Paulo - SP
開放時間：周一至周五 08:00 ~ 19:00
　　　　　周六 08:00 ~ 17:00
　　　　　周日 08:00 ~ 13:00 及 15:00 ~ 18:00
交通：地鐵 1 號藍線或 3 號紅線 Estação Sé 站

科潘大廈 (Edifício Copan)

　　將具體波浪外觀，運用於現代住宅的概念：在陽光下凝視科潘大廈蜿蜒的外觀角度，條狀的曲線猶如巨大魚體，而玻璃窗戶猶如魚鱗般金光閃閃好不刺眼。

　　由飯店業者委託建設，最初的想法是結合旅遊、飯店和住宅空間，融合成媲美紐約洛克菲勒中心的多功能空間。

　　1951 年，科潘大廈由偉大的巴西建築師奧斯卡‧尼邁耶著手繪圖，規劃 72 家商店、電影院，以及 1,160 間公寓，中間橫跨六個街區，全部集中於一個華麗的 S 形中。它的曲線表現出建築師奧斯卡‧尼邁耶樂觀和優雅的建築風采，並將此特色完全呈現在巴西最大的都市裡，使科潘大廈成為一個甜蜜的浮雕。實際上，所有的設計都以「向上」為宗旨，不僅代表著社會進程和城市變化，微妙的 S 形，也象徵聖保羅城市的名稱。科潘大廈展現了本土設計師對聖保羅獨特的觀察和情感。

　　科潘大廈於 1966 年落成，140 公尺高，38 層住宅，位於聖保羅市中心，是巴西最大的建築之一，擁有世界上最大的住宅建築面積。目前，該建築有 1,160 間公寓、20 部電梯、

221 個地下停車位，以及超過 4,000 名居民。由於居民量大，因此巴西郵政賦予它自己的郵政編碼（CEP）01046-925。目前公寓擁有超過 100 名員工服務居民，進行大樓的維護。一樓是 72 家企業和機構，包括福音派教會、旅行社、書店，以及 4 間餐廳。

　　科潘大廈不僅是世界各地作家、電影製片人、攝影師和其他藝術家的啟發，且周遭環境不斷變化，呈現出尼邁耶的精心設計，也使其成為聖保羅，甚至是巴西的地標建築。

義大利大廈 (Edifício Itália)

　　義大利大廈是 168 公尺高的 46 層摩天大樓，位於聖保羅市中心，建設於 1956 ~ 1965 年，由巴西建築師弗朗茨・希普（Franz Heep）設計，室內設有一個屋頂觀景臺，可供遊客觀景。

　　這裡是聖保羅市中心第二高的建築物，第一高的建築物為 Mirante do Vale（葡萄牙語為 Edifício Mirante do Vale，翻譯成眺望峽谷的公寓）。

　　在義大利大廈的 42 樓，有令人流連的倫敦風紳士酒吧（Piano Bar do Terraço Itália），乾淨俐落的落地窗包圍著酒吧，提供了觀賞城市的 360 度視角，這裡是聖保羅獨一無二的摩天大樓酒吧。來享受這城市夜晚無干擾的氛圍是有代價的，除了個人的消費，帳單也會加上 R$30（約 400 臺幣）的入場費，但相當值得，緩緩放鬆於那棕色皮椅上，享受經典盛傳的巴西甘蔗酒（cachaça）或經典雞尾酒（caipirinha），酒吧熱情的服務和凝視城市的驚嘆，將會成為有趣的對比。

Piano Bar do Terraço Itália

地址：Avenida Ipiranga 344, República, São Paulo
電話：（11）2189-2929
網站：www.terracoitalia.com.br
費用：啤酒一瓶 R$10，雞尾酒調酒 R$22 起跳，
　　　另加入場費 R$30
交通：地鐵 3 號紅線 República 站

巴尼斯帕大廈 (Banespão(Altino Arante))

聖保羅現代的持久象徵，俗稱巴尼斯帕大廈，是眺望城市最顯著的地標之一。原本是聖保羅州銀行巴尼斯帕（Banespa）的總部，以銀行的首位經營者命名，因為職員的增加，巴尼斯帕大廈在八年間不斷加蓋，於 1947 年成為城市最高的建築物，這項殊榮稱霸了 18 年。當時，528 英尺（約 161 公尺）高的塔樓，是美國之外鋼筋混凝土結構最高的建築。受到紐約帝國大廈的啟發，塔內與外部帶有美式藝術風格。

儘管目前為第三高，但巴尼斯帕大廈位於聖保羅市中心的最高點，看似比第一高建築物 Mirante do Vale（558 英尺，約 170 公尺）有著更開闊的視野。從 35 樓的觀景臺上，可以欣賞到城市和擴展超過 40 公里的 360 度全景，所有市區內的繁華，甚至城市北部青翠的 Serra da Cantareira 山脈，在好天氣時都一覽無遺。

巴尼斯帕大廈

地址：Rua João Brícola, 24, São Paulo
電話：（11）3249-7180
開放時間：周一至周五 10:00 ～ 17:00
費用：觀景臺和第一層樓的博物館免費
交通：地鐵 1 號藍線 São Bento 站

INFO

聖本篤修道院 (Mosteiro de São Bento)

　　聖本篤修道院是聖保羅市非常重要的象徵，擁有超過四百年的歷史。寺院在這個城市有很大的影響，是值得紀念的一個教堂所在地。由德國建築師理查德‧本德（Richard Berndl）設計了這個羅馬拜占庭風格的教堂，於 1922 年完成。教會建築意象豐富，高聳的拱門延伸向天空，猶如向上天祈禱。教會裡巨大管風琴有六千根風琴管；而其中俄羅斯聖母 Kasperovo 的圖像上，覆蓋著六千個來自地中海的珍珠，景象甚為壯觀。最好的參觀時間是周日早上 10 點的主日彌撒，可以體驗神職人員用古老的聖歌讚美聖靈，莊嚴的歌聲迴盪在聖本篤修道院內。

　　另外，神職人員不定時會製作甚為有名的糕餅，放在入口義賣。聖本篤修道院生活的原則是遵守最嚴厲的修行，藉以鼓舞人心。若有興趣體驗一下修道院沉靜又輝煌的宗教巡禮，此處是必訪的景點之一。

聖本篤修道院
地　址：Largo de São Bento, Centro, São Paulo, 01029–010
電　話：（011）3328–8799
網　址：www.mosteiro.org.br
開放時間：平日早上 06:00 ～ 18:00，
　　　　　周末 13:00 ～ 14:00
費　用：免費
交　通：地鐵 1 號藍線 São Bento 站

BEM-VINDO

Anhangabaú 谷道 (Vale do Anhangabaú)

Anhangabaú 谷道是個城市廣場，這裡除了講述很多聖保羅的歷史，也是聖保羅市中風景絕佳的取景地。

位於市中心的茶（Viadutos do Chá）
和聖塔伊菲革涅亞（Santa Ifigênia）兩座高
架橋之間，四周由大型建築物包圍，包括
聖保羅市政府戲劇院、芭蕾舞學校、聖保
羅音樂廳。

Anhangabaú 是由印第安人所命名，在
印第安語中 tupi 是「河流中邪惡的鬼」，
如此命名的其中一個理由可能是，這條河
流經常氾濫成災，波及住在河畔的印第安
人。如今，河道已消失，河水也改走下水
道，目前呈現著由開拓者完成的一片公共
場地。

早在 17 世紀，人們利用河水洗衣服，
甚至洗澡。一直到 1822 年，這片土地是
當地人種植茶葉和水芹菜的一塊農場。然
而，隨著城市的演進，將農地徵收，在
1877 年建設了茶高架橋。疏導河道後經過
一段時間，因為風景優美，於 1910 年把
Anhangabaú 谷道建設為公園，成為市中心
的新綠地。

Anhangabaú 谷道經歷了城市發展的大
動盪，80 年代，聖保羅市更以花園、噴泉、
雕塑來美化它。由於 Anhangabaú 谷道的公
共休閒空間寬敞，許多文化活動都會在此
舉辦，不管是運動或娛樂都對外開放參加。

Anhangabaú 谷道
開放時間：全天
費用：免費
交通：地鐵 1 號藍線 São Bento 站，或是地
　　　鐵 3 號紅線 Anhangabaú 站

BEM-VIND

聖保羅華爾街巡禮

保利斯塔大道（Paulista Ave.）是聖保羅的主要金融經濟中心，當地人俗稱 Paulistano，相當於「巴西的華爾街」。保利斯塔大道落成於 1891 年 12 月 8 日，總長約 3 公里。在城市的中心、西部、南部區域之間，有許多國際公司的辦事處、領事館、飯店、銀行、書店、教育和文化中心，也有幾家知名的醫院、3D 電影院，更有受歡迎的酒吧和各式餐館。

沿著保利斯塔大道走，不時會看見不同時期的建築物，宛如穿越時空般。古舊的雄偉豪宅大部分是 19 世紀大型咖啡農場業主的遺產，有些保存完好，有些則是市政府想積極搶救卻無法修復的遺跡。

現今的保利斯塔大道，白天是菁英出沒的繁忙辦公區；當夜幕降臨時遊客會流連在奧古斯塔街（Rua Augusta），這裡有不少娛樂任君選擇。

傳統的酒吧 Ibotirama、Beco 203 夜店，是同性戀者最喜歡聚集的地方。從經典搖滾玩到電子音樂，這一帶也是地下樂團的表演舞臺。另一種選擇是去看喜劇演員喜劇俱樂部的 show，裡面有一間酒吧，每天晚上介紹本日最傑出的喜劇演員。

最後，玩累了則可以到貝拉保利斯塔麵包之家（Bella Paulista–Casa de Pães），裡面不僅有麵包可買，也有小超市提供許多零食選擇，更棒的是還 24 小時提供熱食點餐，是個充電的好地方！

Ibotirama 傳統的酒吧

地址：Rua Augusta, 1236, Cerqueira César (próximo à estação Consolação do metrô), zona Sul, São Paulo
電話：（11）3285-2247
網站：www.ibotiramabar.com.br
營業時間：每天 06:00 ～ 00:00
交通：地鐵 2 號綠線 Consolação 站

Beco 203 夜店

地址：Rua Augusta, 609, Cerqueira César (próximo à estação Consolação de metrô), zona Sul, São Paulo
電話：（11）2339-0358
網站：www.beco203.com.br
營業時間：每天 23:00 ～ 05:00
交通：地鐵 2 號綠線 Consolação 站

喜劇演員喜劇俱樂部 (Comedians Comedy Club)

地址：Rua Augusta, 1.129 , Cerqueira César (próximo à estação Consolação do metrô) , zona Sul , São Paulo.
電話：（11）2615-1129
網站：www.comedians.com.br
營業時間：周四至周日 19:00，直到最後一個客戶離場
交通：地鐵 2 號綠線 Consolação 站

貝拉保利斯塔麵包之家 (Bella Paulista – Casa de Pães)

地址：Rua Haddock Lobo, 354, Cerqueira Cesar (próximo à estação Consolação do metrô), zona Sul, São Paulo
電話：（11）3214-3347
網站：www.bellapaulista.com
營業時間：24 小時
交通：地鐵 2 號綠線 Consolação 站

INFO

聖保羅市立美術博物館
(MASP / Museu de Arte de São Paulo)

位於城市的心臟地帶，保利斯塔大道上，聖保羅市立美術博物館的全名為

Museu de Arte de São Paulo Assis Chateaubriand，成立於 1947 年，由 Assis Chateaubriand 和 Pietro Maria Bardi 設立。MASP 是南半球最重要的博物館，也是城市主要的明信片取景地之一，更是聖保羅市內票選十大最受歡迎的旅遊景點之一。

MASP 是當地人和遊客最常光顧的地方，館藏 19 ~ 20 世紀南半球巴西和外國藝術家的作品，共有 8,000 項藝術品收藏於此。作品有當地巴西藝術家，如 Cândido Portinari、Di Cavalcanti、Anita Malfatti e Almeida Junior；以及國際知名藝術家，如梵谷、拉斐爾、雷諾瓦、莫內、塞尚、畢卡索、馬諦斯、夏卡爾、Mantegna、Botticceli、Delacroix、Modigliani、Toulouse-Lautrec。

在 MASP 裡，很多歐洲繪畫作品，包括 Delacroix 的《四季寓言》；印象派的畫家，如莫內、雷諾瓦、馬奈、塞尚、竇加的作品。除了常設展，也有特展，如現代藝術、攝影、設計、建築等展覽，可以到官方網站上獲得最新資訊。

MASP 的外觀，簡單形容就是一個玻璃盒子以四根紅色鋼筋混凝土柱懸空支撐。如此與眾不同的呈現，其設計理念是想提供當地人橫跨保利斯塔大道和市中心的視野。建築物的深色玻璃窗搭配紅柱有助於美化城市建設，訪客從窗外望去可看見 Serra da Cantareira 山脈的美麗景色——世界上最大的城市森林之一，擁有超過 8,000 公頃的維京大西洋森林。

來參觀 MASP 可作為獎勵自己的一種方式，觀覽藝術的旅途中將充滿不同樂趣與驚喜。MASP 也設有咖啡廳、紀念品商店和餐廳。餐廳採 buffet 形式，每天的菜都以世界不同地區的美食為靈感而準備。每人的費用約 R$35 ~ 38，時尚又實惠。

聖保羅市立美術博物館
地址：Avenida Paulista 1578, Bela Vista, São Paulo
電話：（11）3251-5644
網站：masp.art.br
開放時間：周二至周四 10:00 ~ 20:00，
　　　　　周五至周日 10:00 ~ 18:00，周一休
費用：門票成人 R$15、學生 R$7，周二免費
交通：地鐵 1 號藍線 São Bento 站，或是地鐵 2 號綠
　　　線 Trianon-MASP 站

特里亞農公園
(Trianon Park(Parque Tenente Siqueira Campo))

城市裡的公園，大部分都是為了市區的綠化而設。特里亞農公園的熱帶樹林濃密茂盛，樹林裡有許多長椅，散步於蜿蜒的路徑間，會發現各種的驚喜——在保利斯塔大道商業化的喧囂中，有人練聲樂、男女朋友親熱依偎、有人細細品味午餐，甚至手中拿一本書沉溺於閱讀的世界裡。特里亞農公園是城市中難得的慢活空間，吸引著人們到綠葉遮蔭下休息片刻。

特里亞農公園
地址：Rua Peixoto Gomide 949,
　　　Jardim Paulista, São Paulo
電話：（11）3289-2160
開放時間：周一至周日 06:00 ～
　　　　　18:00
費用：免費
交通：地鐵 2 號綠線 Trianon-
　　　MASP 站（聖保羅市立
　　　美術博物館對面）

奧斯卡大街 (Rua Oscar Freire)

談到逛街及精品，當地人最先想到的地方是奧斯卡大街。座落於城市的心臟地帶、保利斯塔指標性的居住區 Jardins，是這個城市最好、生活品質最高的地區，提供的服務品質出了名的奢華昂貴。因為居家品質之高冠於巴西，奧斯卡大街被評為世界上第八豪華的街道。在奧斯卡大街上，美國知名品牌，如 Calvin Klein、Tommy Hilfiger，可以很容易就找到，但換算一下價位，在巴西買可是比美國貴三倍！

奧斯卡大街也是聖保羅名人的社交場所，咖啡廳、冰淇淋店林立，高水平和優雅的周邊環境，提供了一流的購物空間。走在這裡，就像參加一場時裝秀，不僅購物，街上的人穿著打扮時髦有型，遊客們不妨用眼睛享受一下充滿巴西美感的街頭藝術吧！此外，由於此處的店家經營理念都很前衛，無論是裝潢或擺設概念，都勇於嘗試創新，所以先別考慮價位，建議盡量走進店家體驗截然不同的逛街樂趣。

來到這裡，也別錯過巴西知名品牌 Havaianas——五顏六色、熱情洋溢的巴西夾腳

拖，可是人人都愛買的紀念品。位於奧斯卡大街的旗艦店更是一個觀光熱點，一進門不管冬天、夏天，人潮永不減，因為 Havaianas 夾腳拖就如同臺灣的藍白拖，很有人氣！

　　最後，漫步在此高級街道上，千萬別錯過我個人非常推薦的冰淇淋店 BACIO di LATTE，蘇格蘭人開的義大利冰淇淋店，所有器材，如冰淇淋機、冰淇淋櫃，甚至勺子，全部從義大利進口，唯獨冰淇淋是在巴西製作。食材新鮮是強力推薦的關鍵，隨著季節可以嘗到百香果、無花果、柿子口味。香濃的口感會讓人想把所有口味都品嘗一輪，好幾次真的想把它們當晚餐吃！建議一定要去嘗嘗看。

Rua Oscar Freire

地址：Rua Oscar Freire, s/n – Jardins – zona Oeste – São Paulo.
網站：www.oscarfreiresp.com.br
營業時間：周一至周六 09:00 ～ 18:00

Espaço Havaianas

地址：Rua Oscar Freire, 1116 – Jardins – zona Oeste – São Paulo.
電話：（11）3079-3415
網站：www.havaianas.com/pt-BR/stores/concept/#
營業時間：周一至周六 10:00 ～ 20:00
　　　　　周日和國定節假日 12:00 ～ 18:00

BACIO di LATTE

地址：Rua Oscar Freire 136, Jardim Paulista, São Paulo
電話：（11）3662-2573
網站：www.baciodilatte.com.br
營業時間：周日至周三 12:00 ～ 22:00
　　　　　周四至周六 12:00 ～ 23:00

伊塔烏文化研究所
(Instituto Itaú Cultural)

　　聖保羅市最壯觀的文化中心，伊塔烏文化研究所是一家集科研和生產，主旨為傳播巴西藝術和智慧產業的公司，成立於 1987 年初。該組織一直在保利斯塔大道總部進行自由活動，設有展覽空間、音樂表演、研討會、課程、圖書館等。為了推動學院文化，主要以如下幾個方面實現：視覺藝術、工藝、舞蹈、音樂、電影和視頻、教育學、文學、文化新聞和文化管理，該計畫於 1997 年開始，為期十六年的活動，共有 1,130 人入選為藝術家、研究人員和生產者。伊塔烏文化研究所具有多元化的媒體庫，包括數以千計的文件，以書籍、電影、期刊、CD 和 DVD 記錄國家的藝術發展。

　　從 2011 年以來，伊比拉普埃拉公園（Auditório Ibirapuera）裡的禮堂，是伊塔烏文化研究所所投資的古典音樂表演場地之一。由奧斯卡・尼邁耶設計建造，於 2005 年開始提供古典音樂訓練，該建築內還設有音樂劇場、音樂教育中心，目前擁有約 170 名青少年在此培訓。

伊塔烏文化研究所
地址：Avenida Paulista, 149, Centro, São Paulo
電話：（11）2168-1776 或（11）2168-1777
網站：novo.itaucultural.org.br
開放時間：周二至周五 09:00 ～ 20:00，周六和周日 11:00 ～ 20:00，周一公休

伊比拉普埃拉禮堂
地址：Avenida Pedro Álvares Cabral, 0, Parque Ibirapuera, zona Sul, São Paulo
電話：（11）3629-1075
網站：www.auditorioibirapuera.com.br
開放時間：周二至周四 11:00 ～ 18:00，周五和周六 11:00 ～ 20:00，
　　　　　周日 11:00 ～ 19:00，周一公休

INFO

玫瑰之家 (Casa das Rosas)

　　位於保利斯塔大道37號的建築，是棟令人印象深刻的可愛房子，叫做「玫瑰之家」。它不是企業的摩天大樓，而是聖保羅市僅存的少數豪宅之一。

　　擁有1928年法國風味的建築之美，玫瑰之家如今是個高雅的文化中心，主要推展文學活動，如詩歌發表會、新書閱讀會、文學展覽，以及文學課程等。

　　古典的粉色建築搭配周圍美麗的花園，玫瑰之家是身在喧囂的保利斯塔大道上，獨特的城市景象。想要享受一點寧靜就繞到後方的咖啡店，稍微遠離大街一點、心也可以靜一點。

玫瑰之家

地址：Avenida Paulista 37, Paraíso, São Paulo
電話：(11) 3285-6986
網站：www.casadasrosas.org.br
開放時間：周二至周五 10:00 ～ 22:00，周六和周日 10:00 ～ 18:00
交通：地鐵2號綠線 Brigadeiro 站

聖保羅美術館 (Pinacoteca do Estado de São Paulo)

　　就如同聖保羅市立美術博物館，聖保羅美術館的存在是為了體現一個展覽藝術空間的理念，一定要能充分呈現出藝術作品的特色。由拉莫斯・阿澤維多於 1897 年設計，除了展示工藝品，它也是聖保羅美術學院第一個工藝藝術學校。1997 年，建築師保羅・門德斯・羅恰（Paulo Mendes da Rocha）重新裝修這棟新古典主義建築，去除剝落的粉漆，留下裸露的磚牆，以樸素的圓柱宮殿，呈現全新的視覺感受。聖保羅美術館是許多重要巴西現代主義雕塑家嚮往的發表空間，如 Cândido Portinari、Anita Malfatti、Di Cavalcanti 都包括在內。

　　聖保羅美術館目前擁有 10 間展覽室，其中甚至有可容納近十萬件作品和技術儲備的空間。另外，聖保羅美術館別有韻味的古典空間內，也擁有非常流通、採光極佳的開放

空間，不妨說它本身也是一項藝術品，置身其中可以完全放鬆、隨興的自由參觀，也可以坐在木製的板凳上，享受陽光灑進室內的那份唯美愜意。

聖保羅美術館
地址：Praça da Luz, 2, Luz, Centro, São Paulo
電話：（11）3324-1000
網站：www.pinacoteca.org.br
開放時間：周二至周日 10:00 ～ 17:30
費用：全票 R$6、學生票及半票 R$3，10 歲以
　　　下兒童和人 60 歲以上老免費，周四免費
交通：地鐵 1 號藍線 Luz 站

葡萄牙語博物館 (Museu da Língua Portuguesa)

在聖保羅市裡，葡萄牙語博物館是我最喜歡的地方之一。建於 1901 年，選擇古色古香的英式建築成立博物館，是由於此處為聖保羅人盡皆知的地標，也是火車和地鐵的轉運站——光之站（Estação da Luz）。

建於 19 世紀末，光之站的內部宛如大家所熟悉電影《哈利波特》裡的倫敦國王十字火車站（London King's Cross railway），幾十年來這個中央火車站運行著由聖保羅州通往 Jundiai 農村、桑托斯（Santos）沿海最重要的一條鐵路線。

一個多世紀後，經歷過一番大整修，已將它的絕大部分建設為葡萄牙語博物館，於 2006 年 3 月 21 日向大眾敞開大門。葡萄牙語博物館開館的主要目地是：慶祝和珍惜葡萄牙語言、介紹其起源、展現這語言所受的歷史影響；重視巴西文化的多樣性、促進葡語各國之間的交流，以及提供葡萄牙語相關課程、講座、議題、研討會。

博物館的展覽分為三個樓層：

一樓是特展的場地，主題都是對巴西語言有影響的人事物。其中有個特展是介紹一

位非常有名的作曲／作詞家 CAZUZA。在巴西的音樂歷史上，他是一位很重要的藝術家，他的全名是阿吉諾·米蘭達·阿勞若·內托（Agenor Miranda Araújo Neto），暱稱為 CAZUZA，出生於里約熱內盧。他直言不諱地分享自己對政治和生活的多元化看法，完全寫入創作中。CAZUZA 將感情寫成激情的詩歌，強而有力的詩句和桀敖不馴的個性，為巴西音樂文化的主要指標。在他過世二十三年後，他的音樂持續影響巴西人對政治、生活、性愛，以及各種人生議題的看法，這份勇於面對和忠於自我的態度延續至今。

二樓，述說著巴西的歷史和巴西葡萄牙語的演變。在此可以得知葡萄牙語單詞的起源。原來巴西的葡萄牙語最初源於葡萄牙的占領，前後因為多次的地理考察而帶來非洲奴隸，後來更持續接受多國移民文化的影響。這發音多樣化的語言影響，來自於葡萄牙、印第安人、非洲、印度、美國、西班牙、法國、中國和日本，我個人覺得非常有意思！

三樓，是展示葡萄牙語詩詞的小戲院。以戲劇化的聲音和投影片的方式，呈現出這種豐富多變的語言。

在這裡將學到、也明白，語言的威力是足以多層次的表達整個宇宙：太陽、月亮、星星、空氣、水、植物、鳥類和所有的動物都可以用語言去呈現、理解。語言是一個活的有機體，也是人類所擁有非常獨特的禮物，更是強大有力的表達方式，根據上下文而異，不論在口語上或寫作上，遠遠超出了一套規則和標準。如果來聖保羅玩，強烈建議到葡萄牙語博物館參觀一下！

葡萄牙語博物館
地址：Praça da Luz, s／n - Centro, São Paulo
電話：（11）3322-0080
開放時間：每天 10:00 ～ 18:00，售票處 17:00
　　　　　關閉，周一公休
費用：全票 R$6、學生票及半票 R$3，周二免費
交通：地鐵 1 號藍線 Luz 站

巴西銀行文化中心 (Centro Cultural Banco do Brasil)

巴西銀行文化中心由建築師路易斯・特列斯（Luiz Telles）設計建造，於 2001 年對外開放，座落聖保羅市中心，是各種藝術活動，如展覽、電影、戲劇、文學、舞蹈、音樂，於市中心匯集的據點。

位於城市中心區，在 Rua da Quitanda 與 Rua Álvares Pentead 交會的角落，CCBB 建設公司於 1923 年收購了巴西的銀行。由建築師 Hippolyto Pujol 負責修復工程，因為受到法國的影響，選擇保留早期的建築特色，如女兒牆（建築物頂部的橫條紋）和天窗（屋頂的窗戶）。

整座大樓超過四層高，面積約 4,000 平方英尺，擁有地下室、展覽廳、禮堂、商店，以及咖啡館供客人在表演之間簡單用餐。若想一睹這個城市逐漸消失的典雅面貌，不妨到此一遊！

巴西銀行文化中心
地址：Rua Álvares Penteado, 112, Sé, Centro, São Paulo
電話：（11）3113-3651、（11）3113-3652
網址：culturabancodobrasil.com.br/portal/sao-paulo
開放時間：周三至周一 10:00 ～ 22:00
交通：地鐵 1 號藍線 São Bento 站

邦雷蒂魯區 (Bom Retiro)

　　邦雷蒂魯位於市中心，是主要的商業區之一，也是充滿歷史的一個區域。此區起源於 19 世紀，當時以農地和農場為主，因此這一帶稱為 Chácara do Bom Retiro（Bom Retiro 的農地）。為了方便運輸農產品，當時就由此區域開始建鐵路，車站便是之前介紹過的中央火車站光之站，就位於光之花園（Parque da Luz）的正前方。

　　邦雷蒂魯是許多移民行業開始定居的所在區域，因為中央火車站的交通優勢，不僅第一汽車製造商福特汽車選擇此處設廠，移民局、中央健康管理局也都選擇這裡辦理第一次入境巴西的手續。

　　這裡的街道是由移民們先搶先贏劃分好，如有名的足球隊體育俱樂部（Sport Club Corinthians Paulista）就是由義大利工人成立。其他有特色的購物街，如 Rua São Caetano，被稱為「新娘街」，以婚禮服裝訂製店家為主，可以訂製新娘、新郎、伴娘、花童的服裝，也可以買現成的。幾條街穿插有關服飾的店，都是韓國移民開設的。整個區域僅服裝及衣著店家就多達 350 多間，是在地人血拼的熱門地點。

　　除了是城市的商業中心，在美食方面也選擇多樣，因為邦雷蒂魯是新舊移民立足的首選，所以在這區可以吃到由 Acrópole 做出的希臘傳統特色菜餚、義大利 Pizzaria Monte Verde 於 1956 年引入的傳統薄皮披薩，以及其他美味的東歐料理、韓國烤肉等。

　　邦雷蒂魯整個大區域範圍內座落了兩個地鐵站（Tiradentes、Luz），較知名的觀光點有：音樂技術學院，是巴西知名 bossa nova 音樂家湯姆‧若賓（Tom Jobim）所設立，成立超過二十年，專門培訓音樂家；這裡也是知名森巴舞蹈學院老鷹（Gaviões da Fiel）的大本營，想要一起體驗森巴舞，建議可以參加巴西嘉年華會的練習和觀摩喔！

Parque da Luz

地址：Rua Augusta, 1236, Cerqueira César (próximo à estação Consolação do metrô), zona Sul, São Paulo
地址：Praça da Luz, s/n – Bom Retiro – São Paulo
電話：（11）3227-3545
開放時間：周二至周日及假日 09:00 ~ 18:00

Escola de Música do Estado de São Paulo – Tom Jobim

地址：Largo General Osório, 147 – Santa Ifigênia – São Paulo
電話：（11）3221-0750
網址：www.emesp.org.br
開放時間：周一至周五 09:00 ~ 12:00、13:00 ~ 17:00

Acrópoles

地址：Rua da Graça, 364 – Bom Retiro – São Paulo
電話：（11）3223-4386
網址：www.restauranteacropoles.com.br

Pizzaria Monte Verde

地址：Rua Barra do Tibagi, 406 – Bom Retiro – São Paulo
電話：（11）3815-4577
營業時間：周二至周四及周日 11:30 ~ 15:00、18:30 ~ 凌晨，周五和周六 11:30 ~ 01:00

Gaviões da Fiel

地址：Rua Cristina Tomás, 183 – Bom Retiro – São Paulo
電話：（11）3221-2006
網址：www.gavioes.com.br

聖保羅市市場 (Mercado Municipal de São Paulo)

　　Mercado Municipal de São Paulo，簡稱 Mercadão，是一個不折不扣的美食天堂。這個市場正式成立於 1933 年，位於 Cantareira 街，主要用來取代舊的中環街市，提供完整的購物和休閒場所。它擁有超過八十年的歷史，是這個城市最重要的景點之一，其中最熱鬧的購物區為 3 月 25 日街（Rua 25 de Março）。

　　這裡是眾多廠商來採購美食食材的天堂，除了各種水果和蔬菜，還有各式醃肉、醃魚、香料，絕對可以令人驚豔巴西的物產竟然如此豐富。經過水果攤時，會被邀請品嘗擺飾精美的水果，如火龍果、山竹、

芒果。如果喜歡，建議先試吃再買，因為這裡的農產品都不便宜喔！

　　占地面積 12,600 平方公尺的市場，一樓是採購天堂，二樓是小吃商圈。其中最具人氣的明星小吃是鱈魚煎餅，淋上橄欖油後香氣撲鼻，風乾後的鱈魚入口即化，是值得一嘗的巴西美味。此外，還有傳統臘腸三明治，也建議品嘗看看。多年來，這個市場已成為大多數聖保羅人周末必來的獨特用餐地點。

鱈魚煎餅

聖保羅市市場
地址：Rua Cantareira, 306 –Centro –São Paulo
電話： (11) 3313-3365
開放時間：06:00 ~ 18:00

INFO

伊比拉普埃拉公園 (Parque Ibirapuera)

於 1954 年啟用，在聖保羅的四百年歷史中，伊比拉普埃拉公園不僅是最知名且遊客經常到訪的公園，更是集文化與休閒於一體的重要城市指標之一。

一個大城市，就需要一個廣闊的公園，和聖保羅市對比，伊比拉普埃拉公園是沙漠中的一片綠洲。在這 2 平方公尺內，無論身在何處都被青翠的綠蔭籠罩著。伊比拉普埃拉公園也是其他動物的家園，這裡的自然生態包含 494 種植物、35 種蝴蝶、10 種魚類、8 種爬行動物，以及 156 種鳥類。

若想觀賞公園的各個區域，可以沿兩條行人路徑慢跑穿過樹林，或是租一輛自行車沿著自行車道騎，也可以免費體驗巴西武術卡波耶拉（capoeira）或瑜伽課程；甚至以更加悠哉的慢步調買一罐冰涼的椰子水，聽聽孩子們玩耍的笑聲、溜滑板青少年放的流行歌曲流瀉整座公園，好好地和大家一起享受公園的風采！

伊比拉普埃拉公園座落在城市的中心，是 1951 年由園藝師 Roberto Burle Marx 和設計師奧斯卡·尼邁耶非凡的聯合力作。心形的公園提供城市人身心靈的休閒空間，而棕櫚樹環繞整座公園更是媲美紐約中央公園。伊比拉普埃拉公園內有六個驚人的博物館和展覽空間，包括玻璃屋外觀的現代藝術博物館、輝煌的非裔巴西展覽館，以及圓頂的奧

BEM-VINDO

斯卡禮堂。

　　伊比拉普埃拉公園
也是呈現這個城市相貌
最為經典的地方，會看
到整個城市文化的多樣
性：日本和巴西的母親

推著嬰兒車閒逛、來自義大利的老夫婦牽著手散步、龐克頭的青少年在人行道上溜滑板，
還有同性戀伴侶在草地上曬太陽。城市人所謂的放鬆方式，都在這個南美洲最大的公園
裡無奇不有的呈現著！

維拉萊娜 (Vila Madalena)

　　聖保羅市不是步行者的城市，無盡的高樓和山丘起伏的地形實在不好走，但是慢慢
步行其實也可以探索出一些新趣味，尤其是街頭藝術。聖保羅市有一個奇妙絢麗的藝術
空間，就在維拉萊娜。

　　維拉萊娜是個小鎮，擁有商店、酒吧、餐館，以及安靜的畫廊街，是年輕朋友喜愛
的生活環境，同時享有喧囂和寧靜。維拉萊娜白天的街道上，不僅是知名的露天創作藝
術空間，也是藝術家的實驗室，只要可以繪畫的地方，如路邊牆角、街道兩旁、餐廳造型，
都能盡情揮灑。在維拉萊娜的轄區內創造藝術作品，是無奇不有，更是平凡的不斷更替。
因此，熟悉地下藝術的朋友很容易便可辨認出某些藝術家的風格樣式。此處最經典的街
頭畫廊叫做 Beco do Batman，這是一條漫長曲折的小巷，但它充滿生命力──凝視著藝
術家相當有創意的作品，如 Da Sk2、Ninguém Dorme、Speto、Tumulus、Profeta and Vado

do Cachimbo，從絢麗的用色中體驗到巴西的熱情。

　　夜晚的維拉萊娜，更是體驗巴西酒吧文化「boteco」的經典地點。Boteco 文化在巴西是神聖的周末儀式，開始於周五傍晚，類似美國的「Happy Friday」，在巴西卻是一整個周末。Boteco 文化建立在 botequeiro，是相對於酒吧或酒館的聚會點，這個據點不只華麗，也沒有規則形式，每一個角落都可以攀談聊天，在酒吧裡，沒有種族、性別或信仰的差異，而要聊些什麼話題？可以從一瓶啤酒閒聊到深奧的哲學思考。學會享受生活中的簡單快樂，是一種巴西文化引人注目的特徵。巴西人不需要基於特殊原因去享受，僅是交換啤酒、點菸的節奏就有了聚會的氣氛。巴西令人羨慕的自發性，就是只想滿足一種簡單的享受。跟誰說話、聊什麼話題，就算只是一個人，只要在酒吧、酒館便能放鬆一整個周末！

　　若想理解這種文化，就點杯國民雞尾酒 caipirinha 或冰涼的巴西啤酒，加上烤肉串，洗滌一周的工作壓力，下周又可以重新開始。Boteco 的文化精髓，就是在巴西酒吧尋求避難所，忘記矛盾和問題，談談腐敗政治、足球、辣妹等。心動了吧！維拉萊娜絕對會是令人驚豔的好去處！

城市外的世外桃源

伊度 (Itu)

　　伊度是一個度假旅遊勝地，座落在聖保羅州內；來到伊度絕對不可錯過超巨大的物體，如高空中的電話亭和裝飾在公園的路燈。建於 1780 年的教堂前面是小城的中心廣場，也是小孩們喜歡聚集玩耍的地方。圍繞著大教堂的廣場邊有許多紀念品商店，都銷售有趣的巨大物品，如橡皮擦、鉛筆、紙鈔、眼鏡等。附近更有百年歷史的傳統德國酒吧餐廳，提供著名的牛排，叫做 parmigiana Itu。由於附近的古董店很多都值得參觀，對喜歡收藏古董或觀覽畫廊的遊客，可說是一種文化洗禮的享受。

　　除了市中心的拜訪，伊度也是一個適合休閒的小鎮，可以全家享受露營、釣魚、騎馬和騎自行車的樂趣。其中，誰也不會錯過拜訪當地的巧克力農場（Faz. do Chocolate），於 1985 年開業，受復活節的啟發結合家庭食譜，使用 70% 的巴西可可巧克

已經 404 歲囉！

力，直到今日如此特殊的成分保留了熱帶雨林的天然巧克力口感，這種精緻的巧克力是當地人非常喜愛的甜點。在這裡停留，可以享受到巴西鄉村飲食，品味一下巴西最純樸的食材、用柴爐煮的咖啡，搭配自製的乳酪麵包、餅乾、香蕉蛋糕、玉米餅等。這些農場上的佳餚和周遭的環境，形成了一個清爽簡易的生活態度！

　　因為大環境的悠閒，伊度市中心就有幾個遊戲空間專門供小孩、青少年遊玩，如 Parque do Varvito 公園。45 萬平方公尺的空間內，提供對大自然地質的接觸，呈現了不同自然景觀，如溶洞穴、森林、湖泊、瀑布、涼亭，另外也有遊樂場、露天劇場、展覽館。另一個選擇為城市兒童公園 Cidade das Crianças，是一個簡單但很熱鬧的場所，有沙洲、泰山城、迷你城等主題設計，可以提供小朋友很有趣的扮家家酒空間。

　　想要體驗巴西鄉村的生活，可以拜訪聖安東尼奧莊園（Santo Antônio da Bela Vista），最有趣的是能夠體驗咖啡種植園。該體驗由享用豐盛早餐揭開序幕，接著開始遊覽莊園內、種植咖啡，到烹飪咖啡的完整過程。在回到屋內後，遊客會獲贈開胃菜，炸豬皮和油炸木薯。享用著質樸的午餐，回味著早晨的經歷，用餐後在吊床上睡個午覺，這也是旅遊的一部分喔！

伊度

地址：Matriz de N. S. da Candelária Pça Padre Miguel, s/n

網址：www.itu.com.br

交通：從聖保羅出發到伊度小鎮的距離約 101 公里，經由高速公路 Castello Branco ou dos Bandeirantes（行駛 59 公里）後，轉 Marechal Rondon ou Estrada dos Romeiros 高速公路。

Parque do Varvito 公園

地址：R. Parque do Varvito, s/n

電話：4022-2181

Cidade das Crianças 城市兒童公園

地址：R. França, 102

電話：4013-0366

聖安東尼奧莊園 (Faz. Santo Antônio da Bela Vista)

地址：Rodovia do Açúcar, Km 28

電話：4023-1335

巧克力農場 (Faz. do Chocolate)

地址：Est. dos Romeiros, km 90

電話：4022-5492

網址：www.fazendadochocolate.com.br

恩布 (Embu das Artes)

　　恩布是一個距離聖保羅市中心 40 分鐘車程的旅遊城市。它是參觀手工、美術工藝品的天堂，光是販賣工藝品的商店就有 700 多家，真的可以撥出一天好好挑選和欣賞藝術品、手工木製的家具，並且觀賞植物和花卉。

　　恩布的歷史開始於 M'Boy 村——當地印第安人號稱為「巨蛇」的村莊。在 1555 ~ 1559 年之間，更有傳教士隨後來到此地傳教，並建設了玫瑰聖母教堂。因此，在恩布第一個會看見的藝術特質，是許多聖人的木製雕像和印第安人的繪畫、雕刻。

　　從 1960 年代開始就是藝術家棲息之地，正因為此地移民巴西的非洲人歷史濃厚，不但可以鮮明地從藝術品看到逗趣的文化寫真，就連建築都是顏色豐富的彩屋！在這裡可買的東西很多，有三大類藝術品。

　　．骨董：大概有 60 間店家是賣古色古香的沙發、書桌、餐桌、椅子等家具。聽說是因為 60 年代巴西南部人的推動，所以恩布這個小鎮才有如此多選擇的全木成品。不只家具，還有很多木頭的雕刻都十分漂亮！因此，喜歡古早味的收藏家和買家，真的可以在恩布好好逛一逛尋寶喔！

Parque do Lago Francisco Rizzo

- 藝術品：恩布是很多藝術家選擇停留、居住的地方，這裡有許多的木匠、畫家、雕刻家、鐵匠等，是巴西少數一網打盡的藝術城。因此，恩布是喜歡看畫或喜愛古董的人，都可以相約來的好地方！
- 手工藝品：隨著恩布的藝術氣息名氣衝高，也吸引了手工藝術家來這裡展示，並銷售他們的作品！每個周末觀光客來到恩布都買得不亦樂乎，有飾品、陶瓷品、衣服、小物等，大部分的物品都很有特色且價格合理，有時也可以跟老闆講價喔！

如果有時間，血拼過後可以到鄰近的一個大公園 Parque do Lago Francisco Rizzo，挑戰爬一下它的小山，眺望整個恩布小鎮，此處的視野很值得體驗喔！

玩了一天有吃、有喝、有玩、有看，又有買，真是超充實！常聽聖保羅人說喜歡周末離開一下擁擠的城市，其實不一定要去多遠的地方，只是想去大大吸一口放鬆的空氣，探險後還是會想回家，而恩布就是適合周末出去走走的最佳選擇！

恩布
地址：Feira de Arte e Artesanato Largo 21 de Abril e Centro Histórico, Centro, Embu das Artes, Estado de São Paulo, Brasil
網址：embudasartes.tur.br
交通：恩布與聖保羅市開車約 40 分鐘的車程。行駛 Rodovia Régis Bittencourt（BR-116），然後轉接 Marginal Pinheiros 或 Rodovia Raposo Tavares / Rodoanel 或 Av. Francisco Morato 等環城高速公路，都可抵達。

瓜魯雅海灘 (Guarujá)

瓜魯雅，位於聖阿馬魯島（Santo Amaro Island），是知名的旅遊景點，城市人口約 29 萬，但每年接待約 200 萬名遊客。

整個瓜魯雅海灘長 23 公里，保存熱帶雨林的生態，是衝浪和滑翔傘愛好者的勝地。一望眼去海灘上是成排的沙灘椅，可以跟小攤販租借，然後他們會問要喝什麼？巴西人無法忍受炎熱，所以酷愛冰鎮啤酒和消暑的椰子水，尤其是一整顆鮮甜的椰子，吸完汁後還可以剖開吃果肉喔！輕鬆的白天生活和瘋狂的夜生活，是聖保羅市人最喜歡周末去度假的地方，因為這是最近的海邊，兩個城市約 97 公里的距離。許多聖保羅市人在瓜魯雅都有公寓，當不到此處度假時可以出租，畢竟這裡一直都是聖保羅州頂級的家庭旅遊勝地。

瓜魯雅海灘的島嶼形狀有如龍體，因此觀光局提供了景點路線圖，「從龍的頭到尾」開車玩，可以在 3 ～ 9 小時內涵蓋所有的範圍。雖然地圖以葡文為主，但易於理解的圖標還是對遊客很有幫助！

瓜魯雅的熱門活動，在聖誕節和跨年假期是巔峰季節，這個城市有大型的煙火表演和音樂會。很多年輕人會聚集在沙灘上，穿著白色或霓虹色衣物，因為 12 月至隔年 1 月正值巴西的夏天，所以清涼的比基尼辣妹一定也會入眼。

聖阿馬魯島原本叫 Guaibê，是當地原住民取的名稱，後來葡萄牙殖民探險隊於 1502

年發現了 Guaibê，即葡萄牙發現巴西的兩年後。1892 年開始建設飯店、教會、賭場和 46 戶住家。因為船運和鐵路的開發，增進了島嶼之間的往來，也增加了許多人前來瓜魯雅。近期的房地產熱潮在 70 ～ 80 年代持續加速城市發展，更推了廣瓜魯雅成為聖保羅州一個重點的旅遊勝地。除了欣賞海岸線，下水小游一番，也建議品嘗此地的海鮮炸物。

瓜魯雅海灘

地址：Praça Almirante Gago Coutinho in Santos Av. Ademar de Barros 3300 in Guarujá.

最佳遊覽時間：巴西的秋季，尤其是 4 月至 6 月雨少天氣溫暖，也不會那麼擁擠。

交通：

1. 開車是較快的方式，可是會經由山路，路線曲折且起霧頻繁，也會碰到魯莽的重型卡車司機，請
   謹慎駕駛。規劃好行程，就可以避免堵車。如果碰到旅行旺季，可以考慮延長停留時間。

2. 若搭巴士，從南聖保羅，地鐵 1 號藍線 Jabaquara 站，每天有直達巴士到瓜魯雅。Ultra 和
   RAPIDO 都是當地的巴士公司。

3. 如果從鄰近桑托斯島出發，可以搭乘渡輪，每 10 分鐘一班，可載約 40 輛汽車及車上乘客。

瓜魯雅觀光局

地址：Secretaria de Turismo e Central de Informações Turísticas Pitangueiras Avenida Marechal Deodoro
      da Fonseca 723 - Centro - Guarujá

電話：55-13-33444600

傳真：55-13-33846194

網址：www.gcvb.com.br

地圖下載：www.rppropaganda.com.br/guaruja/rotas（選擇葡文「download do mapa」，就可以下載
          PDF 版本）

桑托斯 (Santos)

　　桑托斯位在聖保羅州，是由葡萄牙貴族 Brás Cubas 於 1546 年設立，這個城市更是葡萄牙人第一個在南美洲定居的地點。桑托斯是拉丁美洲最大的海港，具有大型工業園區和航運中心，處理全球最大的咖啡出口，以及一些其他巴西的出口，包括鋼鐵、石油、汽車、橘子、香蕉、棉花。這個城市擁有最大的咖啡博物館，因為咖啡價格第一次在巴西進行談判的地方就在桑托斯。還有一個足球紀念館，獻給城市最偉大的球員，其中包括黑珍珠比利 (Pelé)。其實桑托斯最享美譽的是海濱花園，長 5.335 公尺，是全世界最大的海濱花園。

　　19 ~ 20 世紀，從桑托斯港出口的咖啡，是使城市快速繁榮的主要關鍵。於 1922 年建設的咖啡商品交易所（桑托斯是當時世界上最主要的咖啡貿易中心），面積約 6,000 平方公尺，巨大的建築擁有超過兩百個門窗，自 1998 年起成為咖啡博物館，是一個遊客必來參觀的歷史中心。

　　另一個經典景點是乘坐輕軌小火車上蒙特塞拉特山 (Monte Serrat)，海拔 157 公尺，這個保護區提供了一個 360 度的城市全景，更可以眺望瓜魯雅及南灣的城市。在蒙特塞拉特山上有座聖母雕像，這座聖母教堂是在 1598 ~ 1603 年間建成，因為參拜時上山就需要走 415 步，而建設了登山鐵路，於 1972 年開通。蒙特塞拉特山的聖母是這個城市的守護神，當地人也相信祂的神蹟，現在該處也提供了咖啡廳和地區的社會文化活動中心。

BEM-VIND

除了看風景，來到桑托斯一定要留點時間啃毛蟹和品嘗此地的海鮮。毛蟹毛很多，其實肉不多，因此服務生會提供圍兜、木槌、小木板供顧客敲敲打打，是很有趣的體驗。因為位處港口，所以剛好趁機買些新鮮貨，如章魚、小管、鮮蝦，雖然以肉食為主的巴西還是牛肉最便宜，但建議若有機會到海港，可以多品嘗海鮮料理，畢竟進城後的價格可就是三倍起跳囉！

咖啡博物館

地址：Rua XV de Novembro # 95 Neighborhood: Centro Histórico
電話：（55-13）3213-1750
網址：www.museudocafe.com.br
開放時間：周二至周六 09:00 ~ 17:00，周日 10:00 ~ 17:00
費用：成人票 R$5、學生票 R$2.50，兒童 5 歲以下免費

Monte Serrat

地址：Praça Correia de Mello #33 Neighborhood: Centro Histórico
電話：（55-13）3221-5665
網址：www.monteserrat.com.br
火車時間：08:00 ~ 20:00，每半小時一班
費用：來回 R$21，兒童 8 歲以下免費

坎普斯杜德傑道 (Campos do Jordão)

坎普斯杜德傑道位於聖保羅州的東部地區、1,700 公尺的高山上，80 年代引進了許多來自於歐洲高山城市的建築設計靈感，長期以來因其建築風格而被譽為小瑞士，是生態和文化旅遊的主要城市，更是巴西人最喜愛的山中旅遊景點之一。尤其在冬季，此處距離聖保羅市約 167 公里，方便前往，是聖保羅市居民最嚮往的度假勝地。

擁有陽光普照的冬天、品質優良的飯店和美味可口的餐館，古色古香的木構造建築，坎普斯杜德傑道被稱為小瑞士，果然名不虛傳。這個唯美的小鎮更是由 6 個執政區域一起維護、建設的度假勝地——Monteiro Lobato、São Francisco Xavier、Pindamonhangaba、Piquete、Santo Antônio do Pinhal、São Bento do Sapucaí。

此處可以呼吸到很純淨的空氣，一年四季宜人的溫度讓這裡令人感覺相當舒適，夏季平均高溫為 23°C，秋季氣溫約 5 ~ 18°C 之間。以梧桐樹襯托整個城市，很優美。在冬季偶有風寒，氣溫可降到 0°C，寒冷的早晨甚至會結霜；相較之下，春天是最令人愉快的氣候，氣溫不超過 22°C，在這溫和的時節有利於種植繡球花、杜鵑花、罌粟花、薰衣草；整座山就是個祕密花園！因為自然條件佳，使得四季分明，而讓坎普斯杜德傑道隨著季節交替，有著截然不同的景觀。

在坎普斯杜德傑道，空氣品質甚至優於法國阿爾卑斯山的城鎮，這意味著含氧濃度很高，擁有如此的自然優勢，在 1957 年被巴黎的相關研究單位譽為「世界上最好的氣候」，並成為巴西寶貴的自然資源。而正是因為這樣的氣候，在巴西該地區成為尋求治療呼吸問題的自然療法之地。40 年代許多有呼吸問題的患者都來此地，國家也開始致力要求提升治療肺結核的醫療品質。此後，這個地方發生很大的變化，開始企業化經營，並提供高品質服務。

來到坎普斯杜德傑道，很容易讓人忘了自己身在巴西，周遭的一切彷彿穿越時空般，從聖保羅花短短 3 小時的車程就抵達了歐洲。但一下車，熱情的巴西文化還是會溫暖人心，可以聽到小販幽默親切的呼喚聲，巴西人甚至會用中文詢問亞洲人要不要騎馬！

坎普斯杜德傑道的城市核心叫做卡皮瓦里（Capivari），是小鎮裡的高級社區，主要由許多精緻漂亮的木屋所開設的酒館、餐館、精品店和手工巧克力店。最有名的餐廳為人人皆知的巴登巴登（Baden Baden）啤酒廠和酒吧，是以工廠模式生產的巴西啤酒品牌，在參觀巴登巴登啤酒生產的過程中，可以更了解巴西啤酒的成分，以及購買、儲存和飲用啤酒的方式。巴登巴登在本地生產的啤酒，包括 5 種生啤酒和 8 種啤酒。除了啤酒，也可以購買各種紀念品，如襯衫、毛衣，當然還可以買啤酒紀念杯。入口名菜有爆肉汁的德國香腸、德國豬腳和切片豬肉里肌、德國酸菜，自產啤酒更是銷售冠軍。

晚上氣溫急速下降，最適合享受瑞士小火鍋。在冬季，卡皮瓦里的街道擠滿了遊客，季節性景點有溜冰場，營造出獨特的氛圍。除了享受美食，在卡皮瓦里的市中心公園內也可以搭乘纜車前往「大象的山」（Morro do Elefante），到達海拔 1,800 公尺的高度鳥瞰這座美麗的城市。纜車是獨立的露天座位，既驚險又有趣；搭乘纜車的來回費用是每人 R$11。纜車營運的時間是早上 10 點到下午 5 點，晚上的纜車路線會點燈，而有另一種風情。

在這公園內可以搭乘傳統的蒸氣小火車，到山頭的另一個美麗城市聖安東尼奧督皮尼亞爾（Santo Antonio do Pinhal）。鐵路的建設始於 1910 年，蒸氣小火車花 12 小時行駛約 76 公里的路程，由 Pindamonhangaba 小鎮到 Pinhal，再回到坎普斯杜德傑道。每天只有兩班車，需要乘坐 2 小時才能抵達聖安東尼奧督皮尼亞爾。此段路程的精華是會經過鐵路的最高點，海拔 1,743 公尺。

在坎普斯杜德傑道，還有更多旅遊景點可以參觀，如 Ducha de Prata 是由人工設計的水上小公園，幾座橋環繞著小瀑布，夏天遊客可以站在木質平臺上沖涼。在這條岩石小徑上，可以聆聽流水和鳥鳴，很清幽。

Parque da Floresta Encantada 座落在一個蒼翠安靜的區域，這個魔法森林公園是個能滿足孩子們夢想和幻想休閒去處。占地 12,000 平方公尺的公園裡，有不同的主題，包括：

侏儒之家、萬聖節之家、鬼樓、天使之家、白雪公主之家、聖誕老人之家、狗狗之家。孩子在這魔幻空間裡，充滿樂趣和喜悅。開放時間為早上 9 點半到下午 5 點，入園費 R$10。

在坎普斯杜德傑道的所有自然景點內，我最喜歡的莫過於 Museu Felícia Leirner。此處是一位巴西雕塑家 Felícia Leirner 的公園展示區，她於 1904 出生波蘭，1927 年來到巴西定居，在 44 歲時，跟隨知名藝術家 Victor Brecheret 開始學習雕塑。她早期的作品介於 1950 ~ 1958 年間，奠定了她的藝術地位。1957 年，她的雕塑作品更被編入聖保羅市立美術博物館和巴黎現代藝術博物館的收藏品。

歐洲其他重要的博物館，如阿姆斯特丹市立博物館和倫敦泰特美術館，也同樣有收藏她的作品。1963 年，她榮獲巴西雕塑家的大獎。1962 年，由於丈夫過世，她的作品開始了新的轉變，以葉黏土、青銅和花崗岩為主，並開始創作大型白水泥藝術品。依據大自然的地形和對動物的喜愛，在 1970 年建立了夢幻的雕塑博物館，作為對她丈夫和家庭的懷念。大尺寸的花崗岩作品，有近 8 公尺長， 3 公尺高。在 1982 年後，她新的作品也陸續被收集在坎普斯杜德傑道幽靜的山林裡。在這裡，用心感受這些大型雕塑的美，也可以自由地拍照，甚至躺在一大片綠草原上，靜靜地感受人為和自然平衡協調的美景。

大自然界本身就無奇不有，可是巴西人也很可愛地創造了這個「會說話的花園」。Amantikir 是這花園的名字，意味著來自世界不同地區的美麗花園。創建於 2007 年 8 月，是由 17 個主題花園組成的大花園，園區裡有一個餐廳，以及園藝學習中心，教授園藝課程。置身這片美麗的風景中，也有一些令人驚喜的設施，如灌木叢迷宮，可以挑戰視覺感受；還有另一個用草木搭建而成的迷宮，很適合漫步其中冥想和反省。這個與眾不同的花園絕對值得參觀！開放時間為早上 8 點到下午 5 點，門票 R$25。

坎普斯杜德傑道絕大多數的景點是往戶外走，可是古蹟、博物館也不少，如博阿維斯塔皇宮（Palácio Boa Vista），此處是聖保羅州州長夏天的度假別館。建於 1938 年，耗時三年完成，以歐洲的城堡風格為主，在冬季還會舉行音樂會。1970 年 4 月 12 日，皇宮被列為「聖保羅州的國家古蹟」，開始開放遊客參觀，內部有 105 間客房，以英國風格裝飾，擺設 17 ~ 18 世紀的家具、古董，也有巴西當代藝術雕塑品、裝飾配件、宗教物品、水晶，以及極具藝術價值的瓷器作品。

3

尋找視覺誘惑

Visão, A Sedução do Olhar

里約熱內盧

里約天氣

里約熱內盧(簡稱里約)的最佳旅遊時間為 12 月至隔年 3 月,天氣溫暖,陽光充足,是最適合從事海灘活動的季節。誘人的嘉年華活動在 2 月或 3 月上旬展開,更增添此地風采,吸引成千上萬的遊客。1 月至 3 月期間,白天的氣溫有時會超過 38°C。如果喜歡比較溫和的氣溫,可以選 9 月至 10 月來觀光,那時的白天氣溫是 21°C,晚上氣溫約 16°C。

巴西訣竅 Jeitinho Brasileiro

以下跟大家分享在巴西生活的小祕訣,讓第一次踏上這個謎樣國度的遊客,即使語言不通,也能輕鬆融入當地。

我們來去喝一杯？

巴西有名的「甘蔗酒」（cachaça），等同威士忌或伏特加此類烈酒，但巴西人享用甘蔗酒時，會搭配當季水果製成調酒，非常好喝。這樣的調酒在稍微高級的餐廳點用時，會由專門的調酒師推著他的酒吧，親自為客人調配專屬口味。在巴西點此調酒，可以要求 chorinho 或 mais forte，這意味著要求多加一點酒，這種服務在巴西是免費的，請大方開口提出，不需顧慮太多。

你喜歡喝咖啡嗎？

巴西人非常愛喝咖啡，而且是隨時隨地都喝——早上一杯，開會中喝，吃完午餐喝，下午提神喝，晚餐後喝，喝醉後也喝！巴西咖啡比起美國的星巴克咖啡，味道更濃郁。如果喜歡品嘗咖啡，不妨先了解一下當地人如何點咖啡，絕對會成為體驗巴西文化的有趣嘗試！

以下是巴西葡萄牙語點咖啡的詞彙：

葡萄牙語	解釋
Cafezinho	過濾咖啡，盛在小杯子或小瓷器裡，通常已經加糖，非常甜。在一般餐廳，會於用餐後提供無限暢飲的服務。
Cafezinho	最傳統的巴西風格咖啡，不管是白天或晚上，任何時間，無處不在，如巴西酒吧、麵包店或街頭小販，都可以點上一小杯咖啡解饞。
Café-com-leite	通常指牛奶咖啡或拿鐵咖啡，是濃咖啡加上熱牛奶的混合物。在大多數街道的咖啡酒吧，酒保會倒半杯分量的熱牛奶至杯中，直到客人告訴他停下來，然後再倒滿咖啡。另外，熱咖啡和熱牛奶的分量和甜度都由客人自己調和。
Café-pingado	類似拿鐵咖啡，但牛奶比例較少。
Café-curto 或 Café-expresso	是用較苦澀的咖啡，以蒸氣泡製，盛在小咖啡杯裡，口感較甜，甜度由客人自己調和。
Café-longo	以咖啡機製成，分量比一般咖啡飲料更大杯，比起 Café-curto 也較稀釋。
Capuccino	遵循傳統配方卡布其諾的作法，在巴西的卡布其諾單字只用一個 p 而已。
Café-solúvel	即溶咖啡。
Descafeinado	指不含咖啡因的咖啡，雖然現今已是很普遍的飲料名詞，但不含咖啡因的咖啡在巴西，不如世界其他地方那樣受歡迎，若沒出現在咖啡點單選項中，也不用感到驚訝。

走，我們去海邊？

在海邊，當看到布料超乎想像少的比基尼，無須感到訝異，因為巴西婦女都習慣穿遮蓋面積超級小的比基尼，有時甚至沒大到可以蓋住屁股呢！然而，也不會發現有任何

巴西女孩沒穿，因為這不是巴西人的習慣。巴西人雖然穿得少，但還是會把重點部位遮蓋住。

如何享受巴西海灘：

1. 不要穿從家裡帶來的泳衣，因為你的風格會是巴西人想都不敢想的落伍。巴西款式總是領先世界其他地區約半年，因為價格一般都負擔得起，不妨考慮在當地購買。巴西人穿的 Bikini（女性）和 Sunga（男性），包覆面積都很小。

2. 女性們：巴西女性絕對不會在意身材瘦胖、形狀或大小。她們不羞於露出一堆驚人的贅肉，所以各位遠道而來的女性們，請勇於展現妳的好身材吧！但切記請別在海邊全裸日光浴，這是一項禁忌。此外，巴西人對於把皮膚曬成小麥色視為生活品質的象徵，畢竟有錢人才有時間去海邊度假、曬太陽，對此巴西人感到非常自豪。

3. 男性們：請不要穿上 Speedo 風格的泳衣，因為這是奧運游泳選手的裝扮。巴西男士去海邊，是穿時尚的 Sunga。

4. 去海灘請勿穿家用拖鞋，但可以穿海灘拖鞋（Havaianas 是巴西最酷的品牌），甚至不穿鞋也可以。

5. 在海灘上步行，女性通常搭配輕量化的微短褲或短裙，男性應該穿一件 T 恤，這是巴西的海邊禮節。

6. 不要帶任何貴重物品到海灘。

7. 里約的海灘有些海域會有較強大的水流。如果看到有面紅色旗子飄揚，請不要下去那一區的水域游泳。

8. 注意不要曬傷，巴西的太陽很強烈。巴西人到海邊除了日光浴，平常不會一直把自己曝曬在陽光下。

9. 巴西的海邊，提供海灘椅、海灘傘出租，可以喝啤酒、新鮮椰子汁，也有販賣小點心，所以不用攜帶大包小包出遊。

當我們聚在一起

問候語

1. 花時間去迎接打招呼，並和每個人說再見，巴西人喜歡自己的存在被重視。

2. 男性第一次見面通常以握手問候彼此，並保持目光接觸。

3. 女性通常親吻對方的臉頰一次。如果親吻臉頰兩次就是兩個人都已結婚，互相親吻臉頰三次，就是當中一人還是單身。在這種情況下，已婚的人就會說：「TRES, PRA CASAR!」意思是「三個吻，你要結婚了！」

4. 互相擁抱是表達友誼的方式，男女都適用。尤其是當你的朋友都已熟識很久，這是個非常普遍且熱情的見面問候方式。

身體語言

1. 身體接觸是最簡單的溝通方式。最常見的是摸手臂、手肘和背部，也是一般人都可以接受的。巴西人都非常樂意接近彼此，千萬不要退避三舍、拒人於外。

2. OK 的手勢被認為是非常粗魯庸俗的，而「豎起大拇指」的手勢是用於認同或認可對方。

3. 用舌頭發出嘖嘖的聲音和搖頭，都可以表示不同意的意思。

里約熱內盧的文化小知識

· 該做什麼和不該做什麼，當在里約時，Cariocas（里約本地人的簡稱）怎麼做，你就怎麼做。

· 里約是一個輕鬆的城市，穿著以隨意、舒適為主，這並不意味可以穿著邋遢或暴露，況且穿少也未必是好的。

· 不要配戴黃金、貴重珠寶鑲嵌的手錶和首飾。來巴西旅遊不需要過度打扮或招搖。

· 貴重物品請放在飯店房間的保險箱。

· 請隨身攜帶護照和駕照影印本，如果被要求確認身分就可以使用。

· 一定要喝瓶裝水，在當地分為有氣泡（com gas）和無氣泡（sem gas）兩種。不要喝一般的自來水，至於冰塊最好是使用高級酒店或餐館所提供的，他們會以瓶裝水製冰。

· 晚上請留在較熱鬧的街道，光線黯淡的小巷中往往比較容易遭歹徒行搶。切記財不露白，出門時不要攜帶太多現金。

· 不要點國外的威士忌品牌，如 Johnny Walker，會被敲竹槓，來到巴西就喝當地的酒吧！

· 如果想用一個手勢表示「一切正常」或「沒問題」，不要使用「OK」手勢，它在巴西有不同的意思。而以大拇指比讚的手勢，才是當地人表示 OK 手勢。

· 社交禮儀：巴西人很熱情，所以身體接觸不可少。問候時，女人會親吻女人的臉頰，女人與男人也會互相親吻左右兩頰，而男人們則以握手為主。

· 交通安全：如果你珍惜自己的生命，請不要在里約開車。因為 Cariocas 是一級方程式賽車手的崇拜者，天生就喜歡飆車。計程車不會很貴，而且車隊很多。過馬路前後，請仔細看（包括自行車道），Cariocas 不喜歡停紅燈，也很少禮讓行人過馬路。

· 旅遊態度：當事情沒有按照預定計畫進行時，請保持幽默感。Cariocas 採取泰然自若的態度來享受生活，入境隨俗，你要盡可能以輕鬆的態度來當觀光客，才會玩得開心。

里約熱內盧的當地用詞

用詞	中譯	發音
Beleza	怎麼了？（非正式的問候）	beh-leh-zah
Tudo bem?	怎麼了？（正式的問候）	too-doo behng
Botequim	區域性的小酒吧。	boh-cheh-king
Caipirinha	巴西的甘蔗白蘭地，用檸檬、糖和冰塊搗碎製作的傳統巴西國民雞尾酒。用伏特加製作的叫 caipirosca，用白蘭姆酒製作的叫 caipiríssima。	ky-pee-ring-yah
Carioca	來自於里約的人或事物。	kaw-ree-aw-kaw
Favela	獨特的里約貧民窟。	fah-veh-lah
Gostoso-a	美味，用來形容食物、飲料和性感的人。	goh-shtoh-zoh–zah
Orelhão	公共電話，因為外觀看起來很像大耳朵，所以用耳朵命名。	oh-reh-lyown
Por quilo	以公斤秤重的自助餐。	poor kee-low
Rodízio	All-you-can- eat 的 buffet 餐廳，可以吃肉、海鮮、披薩，有固定的個人價格，而且因為有服務員提供服務，所以加收服務費。	hoh-gee-zee-oh
Saudade	想念一個人時會說的通用單字。	sow-dah-gee
Saúde!	乾杯！或者如果有人打噴嚏時使用的問候語。	sah-oo-gee
Valeu	當地時髦的謝謝你。	vah-lay-oo
	一般較平常使用的謝謝是 Obrigado-a。	oh-bree-gah-doo-dah

守護巴西的救世主 (Corcovado, Christ the Redeemer)

　　基督救世主落成於 1931 年 10 月 12 日，在科爾科瓦多山（Corcovado）上的雕像，不但是當地鮮明的地標，更是巴西的救世主，即使巴西人也必來朝聖。基督救世主是由雕塑家 Paul Landowsi、塑料藝術家 Carlos Oswald，以及工程師 Heitor da Silva Costa，一同參與完成的作品。它的高度 38 公尺（含底座 8 公尺）、重量 1,145 公噸、直徑 28 公尺，位於 709 公尺的海拔高度，這座雕像是目前全巴西相當珍貴的歷史遺產。

　　基督救世主是全巴西入鏡率最高的旅遊景點。自 2000 年以來，國家就開始投資換新的照明燈、立紀念碑。最大的振興突破是 2002 年設備機械化的更新，方便老年人和殘疾者，都有親眼看見這座基督救世主的機會。如今基督全景電梯和自動手扶梯，讓行動不便的觀光客不必走得那麼辛苦，就可抵達雕像。救世主是所有巴西人的信仰象徵，對於

數百萬巴西天主教徒有很重要的意義。

　　2007 年 7 月 7 日，在里斯本的光明球場，基督救世主被評為世界七大奇蹟之一。這項排名是根據公眾用網路和電話投票方式，據說基督救世主累積了 100 多萬張選票。來到基督救世主的遊客可以參觀當地的紀念品店，最流行的紀念品是襯衫與雕塑照片，石膏或木質模型也相當受歡迎。除了和基督救世主合影，此處 709 公尺的海拔高度，還可以看到里約最美麗的海灘。

基督救世主

地址：Parque Nacional da Tijuca - Alto da Boa Vista, Rio de Janeiro - RJ, Brazil
電話：+550212558-1329
網址：www.corcovado.com.br
開放時間：周一至周日 08:00 ～ 19:00

如何到達？

有兩個方式可以抵達基督救世主紀念雕像：

· 第一個定點是在 Cosme Velho Street No. 513，每天在早上 8:30 到下午 6:30，有小火車可以搭乘上山。約 20 分鐘車程，6 歲以下的兒童免費，60 歲以上者在周三和周四是半價。這段小火車行駛於科爾科瓦鐵路（Corcovado railway，開通於 1884 年），一路上，可以欣賞 Tijuca 森林，是世界上最大的城市森林之一。
· 另外，可以開車上山，但是在周末和假日會非常擁擠。車子可以停在 Paineiras 停車場，然後步行上山約 2.5 公里。到了山上，有三個觀光電梯，四個自動手扶梯，觀光客也可以自己的體力上山觀覽城市的景色，以及守護巴西的基督救世主。

INFO

Tijuca 國家森林公園 (Tijuca Forest)

　　Tijuca 森林是世界上最大的城市森林之一，Tijuca 國家公園覆蓋了大部分的山地景觀，總面積約 32 平方公里。Tijuca 的名稱由來是印第安圖皮語的單詞，意指沼澤，森林圍繞里約的土地，從前作為發展糖和咖啡的開墾地。由於過度的土地侵蝕和森林砍伐，在 1861 年飲用水的供應已受到嚴重影響，因此巴西國王佩德羅二世開始執行保育計畫。Tijuca 國家公園是數百種植物、野生動物，以及許多瀕臨滅絕物種的棲息地。這裡的生態是大西洋熱帶雨林，因此植物非常密集，科學家們估計，國家公園內的潮溼生態環境讓溫度降低了約 11°C，是平衡里約地區氣候很重要的一個環保公園。

　　國家公園內也有一些景點，最主要的就是基督救世主的巨大雕像，座落在科爾科瓦山上。其他景點，包括 Cascatinha 瀑布；在 Mayrink 教堂內，著名的巴西新現實主義畫家 Candido Portinari 的壁畫；在 Vista Chinesa 上，寶塔式的涼亭；以及巨型花崗岩餐桌 Mesa

BEM-VINDO

do Imperador。遊客可在 Tijuca 國家公園內徒步旅遊，但因為面積較大，也建議選擇以開車的方式在國家公園內環繞，享受城市的廣闊景致。

Tijuca 國家森林公園
地址：Estrada da Cascatinha,
　　　850 - Alto da Boa Vista, Rio de
　　　Janeiro - RJ, 20531-590, Brazil
開放時間：24 小時

Praia Vermelha 紅海灘

因為地理位置優越，Praia Vermelha 紅海灘在 18 世紀初，為了防禦城市，並守護瓜納巴拉灣（Guanabara）的入口，是一個擁有強大駐軍的海灘。Praia Vermelha 紅海灘長期為軍事占領地區，直到 1938 年才開放民眾進入。之所以稱為紅海灘，是因為當太陽下山時，夕陽會把沙子染成紅色，彷彿紅石榴石，也使得紅海灘成為城市裡日落最美的地方之一。

紅海灘就在 Urca 區域附近，這一帶有幾所大學和軍事院校。另外，甜麵包山纜車的入口處也在這裡。想要參觀此地區，可以沿著圍繞 Urca 的山路散步，欣賞海景，或者也可以享受攀岩或釣魚等休閒活動。周圍的海灘上有遊樂場，也有樹木繁茂的綠蔭，環境宜人。

紅海灘 Praia Vermelha 紅海灘是一個美麗的海灘，也是隱藏在里約城市角落的紅寶石。

Praia Vermelha 紅海灘
地址：Estrada da Cascatinha, 850 - Alto da Boa Vista, Rio de Janeiro - RJ, 20531-590, Brazil

開放時間：24 小時

傳統富裕的 Urca 居住區 (El barrio de Urca)

　　Urca 位於里約，是個傳統且富有的住宅區，擁有近 7,000 名居民（2000 年人口普查數據）。Urca 大多數的建築建於 1920 年左右，但也有更老舊的。

　　1565 年 3 月 1 日，葡萄牙人來到里約的第一個據點，就是在甜麵包山腳下建設了一個叫做 Forte São João 的軍事基地。在 Urca 的住宅區裡，Rua São Sebastião 這條街就是最初葡萄牙堡壘的周邊步道，沿著海邊通往甜麵包山的一個小山丘上。因此，Rua São Sebastião 被視為里約最古老的街道。

　　Urca 居住區不大，由瓜納巴拉灣所包圍。因為面海又低海拔，有錢人想要多一點隱私和安靜就會選擇這裡；相對於科帕卡巴納海灘邊的居住區也是有錢人所嚮往，但該區缺乏 Urca 獨特的藝術風采。因此，Urca 一直是名人指定居住的高級地區，其中最有名的藝人是卡門·米蘭達（Carmen Miranda），在 1930 ～ 1950 年時，她是巴西非常有名的森巴歌手，在美國的好萊塢也有高知名度。另外一位響叮噹的名人是羅伯特·卡洛斯·布拉加（Roberto Carlos Braga），他是曾獲得葛萊美獎的巴西歌手和作曲家，在其五十年的職業生涯中，被稱為拉丁音樂界的國王。

　　Urca 附近還擁有全巴西最迷人的賭場，另外甜麵包山也是這一帶最著名的景點，而高達 224 公尺的小山 Morro da Urca，更是登上甜麵包山纜車的第一站。因為甜麵包山高達 395 公尺，所以登上甜麵包山的纜車之旅建議從低處往高處爬，享受逐漸開闊的自然視野所帶來的驚喜。

甜麵包山 (Sugar Loaf / Pão de Açúcar)

　　不管是葡萄牙文 Pão de Açúcar，或是英文 Sugar Loaf，翻譯成中文都一樣是甜麵包山。在巴西，甜麵包山是排名第二的觀覽景點，排名第一是的基督救世主雕像；它位於瓜納巴拉灣內，高 395 公尺。乘坐纜車是遊客最為青睞的觀景方式，提供了最為壯觀的周邊視野。

　　在里約，甜麵包山是巴西的代表性花崗岩山峰之一，座落在瓜納巴拉灣口，位於半島上綿延至大西洋港口。之所以命名為「甜麵包」，是因為其山形酷似古早出口的糖濃縮精製的形狀。

　　甜麵包山是遊客來巴西必看的世界著名景點之一，自 1912 年以來，有超過 3,700 萬遊客參觀，每輛纜車平均承載 65 名乘客。在甜麵包山乘坐纜車時，有兩個不同的階段，會停留在不同的高度。登上山頂，將可以欣賞到 360 度的城市視野，包括科帕卡巴納海灘（Praia de Copacabana）、伊帕內瑪海灘（Praia de Ipanema）、黎布朗市（Leblon）、弗拉門戈市（Flamengo）、博塔弗戈市（Botafogo），所有里約的海

甜麵包山
地　址：Avenida Pasteur, 520 - Urca - Urca, Rio de Janeiro - RJ, 04719-001, Brazil
電　話：+55 21 2546-8400
網　址：www.bondinho.com.br
開放時間：每天 08:00 ～ 20:00

纜車資訊
時間：每天 08:00 ～ 20:00，每 20 分鐘出發一班上山的纜車。
費用：成人往返票價 R$53，兒童未滿 12 歲往返票價 R$26。

灘美景都可以看見。也會看到科爾科瓦多山上的基督救世主雕像、瓜納巴拉灣的紅海灘、閃爍著霓虹燈的里約、飛機起飛和降落的 Santos Dumont 國內機場，所有沿海範圍內的景色，一望無際的呈現在面前！特別建議，如果白天有安排其他行程，記住傍晚一定別錯過登上甜麵包山欣賞日落，真的是美不勝收啊！

聖塞巴斯蒂安主教座堂
(Catedral Metropolitana de São Sebastião)

聖塞巴斯蒂安主座教堂，是天主教大主教管區在里約的大教堂，最初是為了獻給里約的守護神 Saint Sebastian 而建。

大教堂由現代風格建築師 Edgar Fonceca 設計，於 1964 ~ 1979 年間建成，並取代市中心其他的天主教教堂。1676 年，這裡曾經是里約人民做禮拜的舊聖母大教堂，因為歷史悠久，教堂重建後就宣布更名為里約熱內盧大教堂。

大教堂是圓錐形式，內徑 96 公尺、外徑 106 公尺，總高度 75 公尺。大教堂內的四面以彩色玻璃窗裝飾，從地板到天花板有 64 公尺高的彩色玻璃窗環繞，相當美麗壯觀，宛如一個大型會議室，可以容納 2 萬人。

聖塞巴斯蒂安主教座堂
地址：Av. Chile, 245 - Centro, Rio de
Janeiro - RJ, 20031-170, Brazil
電話：+55 21 2240-2669
開放時間：每天 08:00 ~ 17:00

INFO

里約嘉年華體育場 (Sambadrome Marquês de Sapucaí)

　　嘉年華體育場是里約森巴舞的「賽場」。它是由森巴跑道（Parading Ave.）為中心，以觀眾看臺沿著兩側的遊行大道，組成幾個獨立的混凝土結構。嘉年華體育場的正式名稱是 Passarela do Samba Darcy Ribeiro，通常簡稱為 Sambodromo。

　　里約嘉年華體育場，是由世界著名的巴西現代主義建築師，奧斯卡・尼邁耶所設計，開幕於 1984 年。被公認為世界上最大的開放式舞臺，可以容納近 72,500 名觀眾。里約的嘉年華規模盛大，每年都很精采。

　　嘉年華體育場的門票可以提前預購，但為了避免出現黃牛票，也基於安全考量，必須於嘉年華開始前一周領票。根據個人預算、觀看內容，有多種方案供選擇。建議可以選嘉年華體育場遊行的兩面高架看臺上的座位，會有較廣闊的視野。除了一般沒有屋頂的經濟座位，也可以選擇豪華包廂，享受五星級的設施，還提供飲食，五個包廂約可容納 60 人。

　　嘉年華的前後，會場戒備森嚴，交通也會管制，相較之下比平時還安全。想要得知更多購票或嘉年華資訊，請參考官網。

里約嘉年華體育場
地址：Rua Marquês de Sapucaí - Santo Cristo,
　　　Rio de Janeiro - RJ, 20220-007, Brazil
電話：+55 21 2976-7310
網址：www.rio-carnival.net
開放時間：有表演時才會對外開放

馬拉卡納體育場 (Maracanã)

　　足球（不是美式足球）為目前在馬拉卡納體育場中最重要的運動，此處是里約最重要的地標之一。開幕於 1950 年，曾經是世界上最大、可容納近 20 萬人的足球體育場，因為歷史悠久且老舊，所以近期使用率降低。

　　但為了 2014 年舉行的世界盃，且基於安全方面的考量，馬拉卡納體育場重新整修，也榮獲南美最大體育場的美譽。足球在巴西是最受歡迎的運動，當巴西隊在世界盃奮戰時，民眾都聚集在電視機前觀看比賽，是一項牽動民心的運動。對於以足球為驕傲的巴西民族來說，馬拉卡納體育場可是代表著巴西足球的重要基地。

　　關於馬拉卡納體育場的歷史，始建於 1948 年，第一場比賽是在 1950 年由里約熱內盧隊 PK 聖保羅隊。不幸的是，里約熱內盧隊以 1 比 3 的分數輸給聖保羅隊。除了國內比賽，1950 年世界盃也在馬拉卡納體育場舉辦，巴西以 1 比 2 的分數輸給烏拉圭，此比賽在巴西被稱為 Maracanazo，這個恥辱至今仍存在於大眾的記憶中揮之不去。馬拉卡納體育場被世界盃命為主要球場，也是當地足球俱樂部主要比賽的最佳場地。該體育場於 1998 年被列為國家級標誌性建築，從 2000 年起球場不斷進行翻修，以增加座位的容量。目前球場可容納 78,838 人。

　　至於馬拉卡納體育場未來的規劃，於 2014 年世界盃以主席球場謝幕後，也開始計畫 2016 年奧運會的開幕式、閉幕式，並且為一些體育賽事而做準備。

馬拉卡納體育場

地址：Avenida Presidente Castelo Branco, s/n -
　　　Portão 2 - Maracanã, Rio de Janeiro - RJ,
　　　20271-130, Brazil
電話：+55 800 062 7222
開放時間：每天 09:00 ～ 17:00

科帕卡巴納海灘 (Praia de Copacabana)

位於里約海岸線的南邊，科帕卡巴納海灘是世界上最知名，也是最美麗的海灘之一。這裡的氣氛非常熱鬧，人文色彩豐富。科帕卡巴納海灘左邊是甜麵包山和建於 1779 年的 Fort Duque de Caxias 堡壘；右邊則是科帕卡巴納堡壘（Copacabana Fort），歷史可追溯到 1914 年，堡壘內設有軍營歷史博物館。

整個科帕卡巴納沙灘約 4 公里，以東向西的方向延伸，從 Postos Dois 二號海港到 Posto Seis 六號海港。一整個海灘上有許多酒吧，遊客可以享受生啤酒（chopp）和冰涼飲料（refeicao），也供應小吃。沿著海灘散步，有一些沙雕作品可欣賞，而口渴時建議嘗試冰椰子水。

里約的當地人被稱為 Cariocas，是真正懂得享受海上運動的民族，因此政府也設立了許多體育設施，沿著海灘有排球網，也有足球場。Cariocas 很會保持身材，因為有美麗的海岸線，就有美麗的地方可以展示身材，所以沙灘上除了娛樂設施，也有健身器材。

科帕卡巴納海灘

地址：Avenida Atlantica, Rio de Janeiro, State of Rio de Janeiro, Brazil
開放時間：24 小時

Carioca 的小建議

周日在 Avenida Atlantica 大道會封街，所以遊客們可以很自由、安全的沿著科帕卡巴納海灘，享受在 Rio Othon 飯店前擺攤的市集。傍晚 6 點開始，在那裡可以找到當地色彩濃厚的紀念品和藝術品。另外，想在周末吃頓屬於巴西風情的早餐，就必定要嘗試在科帕卡巴納海灘上設的小餐廳 Confeitaria Colombo，這可是在里約吃早餐配美景的最佳地點。

伊帕內瑪海灘

地址：Av Vieira Souto , Rio de
　　　Janeiro -State of Rio de
　　　Janeiro, Brazil
開放時間：24 小時

Carioca 的小建議

來到伊帕內瑪海灘，絕對不
要錯過看 Frescobol 這項海邊
運動。它可是 Cariocas 在海
灘上最激情的一項運動遊戲，
類似打網球或羽毛球，可是
沒有搭網，而且絕不可以掉
球。建議可以和群眾一起觀
看，或是請 Cariocas 教你玩，
他們很樂意教遊客玩自己的
本土遊戲呢！

伊帕內瑪海灘 (Praia de Ipanema)

　　伊帕內瑪海灘一邊連結阿普多海灘（Arpoador Beach），另外一邊連結列布隆海灘
（Leblon Beach），是里約舉辦活動的主要地點之一。因為是數一數二的昂貴居住地區，
所以當地人說，伊帕內瑪海灘上的辣妹都是有錢人！

　　伊帕內瑪海灘一帶，擁有前衛的畫廊、書店、電影院，更有流行珠寶店 H. Stern 的
旗艦店。H. Stern 珠寶店提供免費的珠寶博物館之旅，更附贈小寶石作為禮物。這裡每周
日還有嬉皮跳蚤市場，可以買精緻的手工木娃娃，也可以看鸚鵡表演。伊帕內瑪海灘不
只是海灘度假的首選，更是巴西富二代喜愛來血拼精品的地段。

　　里約的海灘有等級之分，伊帕內瑪海灘是其中的最高級。此處是上流人士出沒的地
方，更是具身分地位者展示品味的舞臺。簡單來說，荷包若不夠深，在伊帕內瑪海灘可
能無法玩得太放鬆，卻是欣賞美景的好去處！

　　另外，伊帕內瑪海灘是里約很出名的同性戀海灘。年輕、肌肉發達的男同性戀者經
常光顧，當地人非但不會歧視，一律親切地接納。除了同性戀者、影視明星、多金的單
身女性，闔家大小也都可以一起享有這片海灘。記住，若想融入當地人，遊客穿泳衣的
風格，女性以 bikini 為主，男性則以方形的 speedo 和夾腳拖為主。

里約熱內盧植物園 (Jardim Botânico do Rio de Janeiro)

　　如果想花幾小時欣賞異國情調的鮮花和植物，建議去一趟里約熱內盧植物園。這是一個生態保護區，在此看得到受保護的稀有植物，園內有亞馬遜大樹，以及豐富的野生動物，包括狨猴、巨嘴鳥等，還有超過 8,000 多種植物，如蘭花、皇家棕櫚樹，巴西樹則是花園裡有名的象徵代表。

　　里約熱內盧植物園是聯合國生物組織保護區，因此這裡也是一個出色的植物科學實驗室。整座植物園占地 350 英畝，可以漫步遊園或乘坐遊園電動車。每輛電動車可坐 8 人，每小時一班，從正門出發。

　　這個花園裡的每一種植物，都是園內的主要亮點，除了密茂的大樹，也有許多藥草和香料植物。特別的是，園內設有點字標示牌，打造方便盲人遊客參觀的貼心小步道。

　　除了開放式空間，園內也建立了一個溫室，最初由木材建造，但後來以鐵和玻璃裝修，規劃為種植蘭花的研究中心。蘭花是品種多樣的植物，光在溫室裡就有超過 2,000 種，依照季節性進行培育，這在巴西是非常不容易的事。

　　里約熱內盧植物園是一個很好的休閒勝地。園內有六個湖泊，培育著不同品種的蓮花、水藻，不同風格的水池都很值得一看。

里約熱內盧植物園

地址：Rua Jardim Botanico, 1008 - Botanical Garden,
　　　Rio de Janeiro - RJ, 22460-030, Brazil
電話：+55 21 3874-1808
網址：www.jbrj.gov.br
開放時間：每天 08:00 ~ 17:00
費用：入場門票一律 R$6，7 歲以下和長者免費。

拉帕 (Lapa)

　　拉帕是里約最放蕩不羈,且擁有非常著名波希米亞文化的街區。拉帕位於里約的繁華路段,曾經是這個城市的紅燈區。拉帕以其生動的社會場景和文化活動,吸引許多巴西藝術家和知識分子來此社交,如今該地區以提供充滿活力的夜生活聞名。其中許多餐館和俱樂部,也以各種形式的活動推展巴西音樂。酒吧和森巴館是這裡的主流,隨處都有快活的音樂和熱情的舞蹈散發著活力,若想品嘗甘蔗烈酒調製的雞尾酒和當地美食,拉帕絕對是理想地點。這裡大多數的歷史建築,可追溯到 19 世紀,其中最有名的古蹟是拉帕水道橋 (Acros da Lapa),為眾所周知的建築。

　　拉帕水道橋又被稱為卡里奧卡水道橋 (Carioca Aqueduct)。整座水道橋以羅馬式結構建造,長 270 公尺,高 17.6 公尺,總共有 42 個拱洞,由聖特雷莎附近串連到另一個區域莫羅聖安東尼奧 (Morro de Santo Antonio)。水道橋建於 1723 年,在殖民時代用以解決水資源短缺的問題。

　　拉帕的夜生活豐富多彩,其中 Rio Scenarium 是拉帕,甚至是里約最流行的酒吧,寬敞的場地包含三個樓層,可以跳舞飲酒,但建議不要跳太久,因為很多人都等著展現自己的舞技!想來 Rio Scenarium 體驗夜生活,最好先預約,否則可能必須排隊等到大半夜。此外,Belmonte、Taberna、Buteko juca a、Arco 也是此區相當受歡迎的酒吧。而 Carioca da Gema 是當地人經常光顧、享用美食的餐廳,在這裡保證可以享受到正宗的當地美食,所以有機會建議來吃吃看。

Rio Scenarium-Pavilhão da Cultura
地址：Rua do Lavradio, 20 - Centro, Rio de Janeiro - RJ, 20230-070, Brazil
電話：+55 21 3147-9000
開放時間：19:30 ~ 2:30AM

Carioca 的小建議
因為拉帕民風開放且龍蛇雜處，如果要晚上遊街去嘗試酒吧和森巴館，女性遊客最好有當地人陪同或多人同行。當地警方已盡力降低該區的犯罪率，但出門在外，還是要多加留意自身的安全。

世界著名的藝術臺階 (Escadaria Selarón)

不斷擴大裝修的 Escadaria Selarón，是智利出身藝術家 Joaquim Silva 的作品。從 1990 年起，他使用綠、黃、藍、白各色的瓷磚，花了二十多年的時間，將瓷磚和瓷磚並排放置，製作馬賽克樓梯，美化了通往聖特雷莎修道院的步道，形成一座彩色的馬賽克拼貼作品。繽紛的馬賽克藝術臺階，高 125 公尺，共有 215 階，每片瓷磚都是 Joaquim Silva 用在智利的儲蓄和賣畫所得，一點一滴打造，並且把這件藝術作品奉獻給巴西人民。目前 Joaquim Silva 仍不斷增加新的瓷磚在這五彩繽紛的作品上，如果早晨來拜訪經常會發現 Joaquim Silva 在工作中，他歡迎各國遊客提供瓷磚，添加到這座獨一無二的「樓梯藝術」中。

Joaquim Silva 因為創作了 Escadaria Selarón，而贏得里約榮譽市民的稱號，自 2005 年以來，他的作品已被訪問過數百萬次，還成為美國饒舌歌手史努比狗狗音樂錄影帶的背景，以及許多廣告活動的舞臺。在這裡可以仔細觀察每一片瓷磚，也可以坐在臺階上，一邊享用啤酒或其他飲料，一邊欣賞當地音樂家以歌聲訴說此地的故事。

藝術臺階
地址：Rua Manuel Carneiro - Santa
　　　Teresa, Rio de Janeiro - RJ,
　　　Brazil
開放時間：24 小時

聖特雷莎街區 (Santa Teresa)

　　提到里約的聖特雷莎街區，看過《里約大冒險》這部保育絕種藍色鸚鵡電影的朋友一定記得，當 Blue 和 Jewel 於太陽西下時，乘坐在電車上唱情歌，這一幕就是取景於此。

　　聖特雷莎街區座落在俯瞰城市港口的一座小山上，在此遊客可以重溫歷史，蜿蜒狹窄的街道以 18 世紀的修道院為中心，成為一個藝術的熱門據點。它的自然風光和宜人氛圍，是欣賞 19 世紀豪宅和古樸鵝卵石街的最佳景點。該地區是一個幽靜的避風港，許多藝術家、音樂家和作家都在此定居，仍保留了殖民時期的氛圍。體驗聖特雷莎街區最建議的方式是搭乘古老的電軌車，不僅上山較安全，也能一路欣賞上山和下山的美景。

　　聖特雷莎街區的歷史始終圍繞著修道院，在 1750 年，修女姐妹 Jacinta 和 Francisca Rodrigues Ayres 開始著手建立 Morro do Desterro 修道院。修道院建立後，吸引了更多當地的居民。19 世紀時，附近的居民相信，修道院保護了聖特雷莎街區免受霍亂疫情感染。Morro do Desterro 修道院平時不開放參觀，只有周末做彌撒才開放給民眾。多年來，聖特雷莎已經成為在里約城市內最美麗的街區之一。聖特雷莎街區距離市中心僅需 5 分鐘的車程，而距離美麗的伊帕內瑪海灘和科帕卡巴納海灘也都在 15 分鐘內的車程。

　　在聖特雷莎街區有很多景點，首先搭乘電軌車 Bondinho 是不容錯過的體驗。僅存的

有軌電車路線連接聖特雷莎到拉哥達卡里奧卡（Largo da Carioca）。電軌車經過聖特雷莎的班次，也會經過有名的拉帕水道橋。若要搭乘電軌車需有規劃地安排一天的行程，因為班次間的等待往往需要 30 ~ 60 分鐘，且排隊的人潮相當長。此外，乘坐電軌車時，因為上下山路會突然顛簸搖晃，所以乘坐的人數基於安全考量而受到控制。

　　Museu da Chacara do Céu 是當地有名的藝術博物館，正式成立於 1972 年。這裡館藏大家熟悉的畢卡索、達利、莫內等西方著名藝術家作品，也有中國宋朝的雕塑品。另外，也有現代巴西藝術家，包括 Di Cavalcanti 和 Portinari 的巴西風景畫作。該博物館是一座豪宅，占地 18,000 平方公尺，因為地理位置極佳，在這裡可以看到在科爾科瓦多山上的基督救世主雕像，以及亮麗的科帕卡巴納海灘，是市中心最佳觀賞夜景的地點。在聖特雷莎街區中，沿著蜿蜒的鵝卵石街道可以看到有趣的噴漆壁畫，這裡麻雀雖小五臟俱全，有酒吧、餐廳、工藝品店，是遊客們必停留的里約世外桃源。

聖特雷莎街區
地址：Rua Aurea, Rio de Janeiro, State of Rio
de Janeiro 20240-210, Brazil

INFO

里約熱內盧 *Old Downtown*

坎德拉里亞教堂 (Irgreja Candelária)

　　原來的坎德拉里亞教堂於 17 世紀，由西班牙人安東尼奧‧馬丁斯帕爾馬（Antonio Martins Palma）和他的妻子萊昂諾爾‧貢薩爾維斯（Leonor Gonçalves）所建。該教堂在 1634 年擴大，但幾年後因為失修而嚴重毀壞。於 1775 ～ 1811 年進行修復工程，因為不同時期的修建，而混合了幾種風格，從巴洛克到新古典主義都可從外觀上看出明顯的影響。著名的圓頂於 1887 年矗立在教堂上，採用葡萄牙石灰石製作，重量達 630 噸，但許多人懷疑實際的結構是否可以承受這樣的重量。圍繞圓頂的八個白色大理石雕像出自葡萄牙，美麗的銅門則出自法國，教堂內部的大理石色調和彩色玻璃窗都很有特色。

　　坎德拉里亞教堂位於市中心，是一個非常熱門的區域，在 1900 年初期，Pereiro Passos 修築了教堂前的中央馬路，成為市中心第一條大林蔭大道，今日被稱為 Avenida

Rio Branco，此大道通往里約熱內盧金融區的中心。雖然大部分轟立在四方的建築已蛻變成高聳的辦公大樓，教堂前廣場仍是這城市大家所熟悉的一個活動區域。

　　坎德拉里亞教堂北側是里約熱內盧著名的市政府戲劇院，以巴黎歌劇院為藍本，於1909 年正式啟用，也是里約在 20 世紀初受巴黎文化影響的明顯例子。而位於市政府戲劇院的兩側，是美術博物館和國家圖書館。國家圖書館裡收藏了一本古騰堡聖經，是 1462年 De Angelis 的作品之一，也是當時巴西皇后 Teresa Cristina 的收藏品。圖書館是座雄偉的建築物，它的壯麗入口大廳和五層高的收藏值得花時間參觀。

　　此區以坎德拉里亞教堂為中心點是里約熱內盧的心臟地帶，也稱為 Praça Floriano，這裡沒有特定指南散步區域。漫步在林蔭大道，都可以找到供休息的咖啡廳，在 Praça Floriano 的午餐時段和下班後的露天咖啡館，伴隨著森巴音樂，充滿著邊喝冰啤酒邊辯論政治的人聲氛圍。這樣悠哉的市中心氣息，應是融合了巴黎文化和巴西人隨興的天性！

坎德拉里亞教堂
地址：Praça Pio X, s/n - Centro, Rio de Janeiro - RJ, 20040-020, Brazil
電話：+55 21 2233-2324
開放時間：07:30 ～ 15:30

卡里奧卡地標 (Largo da Carioca)

　　卡里奧卡地標位於里約熱內盧的市中心，是當地很熱門的地標，也是工人運動的集合地點，更是街頭藝人、各式各樣攤販的集中市集。

　　16 世紀時，卡里奧卡地標還只是個稱為聖安東尼（Santo Antônio）的池塘，此處遠離城市原有的核心。在池塘的旁邊，有座建於 1592 ~ 1608 年的小教堂，名為聖安東尼修道院。以聖安東尼修道院為中心，這個偏僻的小鎮經過時間洗禮，在 1718 年，舊街道開始安裝水管帶動了整個里約熱內盧的地下水域規劃。這項工程於 1723 年完成，卡里奧卡噴泉也因為城市的命名，而豎立在這座水池的位置。如今這裡所有的老建築幾乎都被拆毀了，地下層成為城市主要的地鐵站。

> **卡里奧卡地標**
> 地址：Rua da Carioca, Rio de Janeiro -
> 　　　RJ, 20050-070, Brazil
> 開放時間：24 小時
>
> INFO

聽！這街道 (Rua Ouvidor)

　　Rua Ouvidor 老街位於里約熱內盧的中心，連接 Largo de São Francisco 街到 3 月 1 日街 (Rua 1- de Março)，因為靠近里約熱內盧的老海港，原是一條通往許多倉庫的小道路。

　　名為 Rua Ouvidor，意指「受監聽的街」，是因為 1746 年時，這裡居住了備受矚目的總檢察官 Francisco Berquó da Silva Pereira。直到 1900 年，這一區成為里約熱內盧大部分報紙、新聞消息發表的總部。19 世紀末期，咖啡館和書店也都因為這條街而繁榮起來。

　　如今，它是一條非常繁忙的購物街，有數十家店鋪 (主要販賣衣服和鞋子)，也有銀行、百貨公司、書店、小酒館和餐館等場所。因為這條街歷史豐富，而且保有舊時代的風氣，很吸引在市區的上班族前來，此處也是建議必訪的小吃文化中心。

Rua Ouvidor 老街

地址：Rua do Ouvidor - Centro Rio de
　　　Janeiro - RJ, Brazil
開放時間：24 小時

INFO

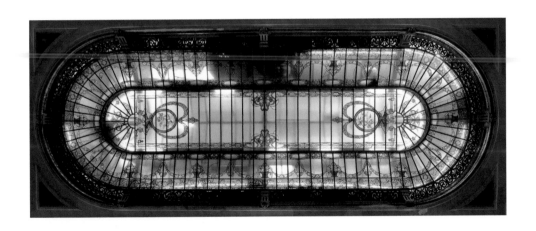

哥倫布咖啡館 (Confeitaria de Colombo)

　　哥倫布咖啡館位於里約熱內盧，是市中心的主要觀光景點之一，近期被選為世界上前十名最美麗的咖啡館。

　　該咖啡館開設於 1894 年，由葡萄牙移民 Joaquim Borges de Meireles 和 Manuel José Lebrão 一同經營。它絕對是令人難忘的咖啡館，其建築架構和氛圍可供人想像那些美好年代的象徵。1912 ～ 1918 年曾經翻新，主要是拓展二樓的茶室，咖啡館依然維持那淡淡的新藝術風格。挑高的天花板、華麗的比利時水晶鏡、以紅木雕刻的優雅大廳，以及木

製家具全都由木匠 Antônio Borsoi 所設計。一樓的茶室仰望天花板的天窗,可以欣賞陽光透過美麗的彩繪玻璃窗灑落室內。來到此處,很容易就能理解,為什麼哥倫布咖啡館一直是藝術家和知識分子喜愛的場所。

這裡除了有名的糕點,也可以嘗試新鮮水果塔,還提供了選項多樣的菜單,包括可口的三明治、當地小吃和巴西美食菜餚,一切都帶有淡淡的西班牙和葡萄牙風味。哥倫布咖啡館是當地人和遊客必來歇腳的咖啡館!

哥倫布咖啡館
地址:Rua Gonçalves Dias, 32, Centro, Rio de Janeiro
電話:+55 21 2505-1500
網址:www.confeitariacolombo.com.br/site
開放時間:周二至周五 08:00 ～ 20:00,
　　　　　周六 09:30 ～ 17:00

貿易巷 (Travessa do Comércio)

　　貿易巷保留了葡萄牙帝國時代、舊里約殖民時期的痕跡，包括老房子、鋪路石、拱形石雕路燈裝飾著狹窄的人行道等，對歷史和文化都很值得留念。若來回顧這裡的舊時光，一定要經過阿科德特萊斯拱門，它就位在 11 月 15 日廣場側面。從人行道過了阿科德特萊斯拱門，進到貿易巷的蜿蜒道路上，會路過一些酒吧和餐館，這些都是 18 世紀的建築，至今保存完好。

　　這條狹窄的小巷見證里約生命的轉變，三個世紀過去了，依然是城市歷史遺產的一部分，具有建築和文化意義，雖然已融入城市生活裡，還是有著自己的故事。

　　在貿易巷有家餐廳就叫 Carmen，曾經是巴西最偉大森巴歌手卡門．米蘭達（Carmen Miranda）的住所。最初他的父親在附近的酒店旁，開了一家理髮沙龍，如今成為森巴餐廳，在此不僅可以吃到巴西的道地菜餚，晚上還可以唱歌、跳舞。

　　貿易巷曾經是法官們的豪華住家、參議院的所在，卻因為 1790 年的火災造成巨大的損失，毀壞了附近的建築物和倉庫。但損失不僅在財務方面，眾多的文件都被燒毀。後來，因為重建的過程延宕，貿易巷也因此破落了幾十年，一度成為乞丐、娼妓、流氓、殺人犯、盜賊棲息之處，治安堪慮。

　　在 20 ～ 21 世紀之間，由於政府改革有了較顯著的成績，貿易巷因此被列入文化遺產保存區域，使城市內的文化長廊、歷史悠久的郵政局管理單位（Centro Cultura Correios）可以得到修護，在 80 年代時進行整建，而於 1993 年重新開放，開始推動戲劇、音樂、視覺藝術和電影節等活動。該大樓有三層，有良好的基礎設施可以提供大型活動。現今，古老的街道環繞著值得回味的舊時光。

貿易巷
地址：Praça XV (Quinze) de Novembro, Rio de Janeiro City, Brazil

INFO

阿科德特萊斯拱門 (Arco de Teles)

　　沿著充滿歷史的 11 月 15 日廣場，阿科德特萊斯拱門的開放式小入口就座落在廣場對面。通過拱門，就好像回到巴西帝國的古老時代，沿著一條叫做貿易巷的蜿蜒小路，一路穿過 18世紀建築風格的酒吧和保存完好的餐館。當地人很喜歡這個老區域，老街的感覺帶人遠離市區的干擾和喧嘩，彷彿到了一個不同時期的里約熱內盧。

　　白天時，商家在街道上經營著親民的小酒吧和餐館，當地人稱 pe sujos，字面意思是「骯髒的腳」，意味著當地人消費的地方。離拱門稍遠一點的地區，是城市人公認市區內享受 happy hour 的首選。上班族下班後會去那裡享受，喝 chopps（生啤酒）和吃 petiscos（巴西的油炸小吃）。

　　拱門餐廳街的魅力白天和晚上截然不同，白天可以感受並體驗拱門周圍建築物的魅力，晚上則是和朋友們分享美食的好地方。特別提醒，當商店和辦公大樓關閉後，市中心會成為一個較危險的地方，因為此區雖是金融證券業的中心，但天黑後周圍較少警察巡邏，所以被搶劫的風險略高。正如在許多大城市，不建議佩戴貴重首飾或攜帶太多現金，建議晚上 10 點後就以計程車代步。

11 月 15 日廣場 (Praça XV[Quinze] de Novembro)

　　11 月 15 日廣場，是里約熱內盧市中心一個很重要的廣場。廣場周邊有許多古蹟，如阿科德特萊斯拱門、皇家宮殿、里約熱內盧州立法院、a Assembleia Legislativa do Rio de Janeiro。

　　里約熱內盧有個迷人的過往，在南美洲曾是歐洲王國挑選為首都的唯一城市。當拿破崙入侵里斯本的邊境，葡萄牙王室和貴族在英國的保護下，逃亡到里約熱內盧，就是從這裡登陸。11 月 15 日廣場是一個經典的廣場，建議可從這裡開始里約熱內盧的歷史遊覽。

11 月 15 日廣場
地址：Praca XV de Novembro, Rio de Janeiro, State of Rio de Janeiro 20010-010, Brazil

皇家宮殿 (Paço Imperial)

　　皇家宮殿，是位於里約熱內盧市中心 11 月 15 日廣場的歷史建築，建於 17 世紀，作為當時從葡萄牙來巴西的王室居住的豪華宅邸。1808 年，該建築被命為皇家宮殿，並由葡萄牙國王若昂六世入住，後來還在這裡舉行他的登基典禮，成為巴西國王。1822 年，皇家宮殿陸續成為巴西帝國佩德羅一世和佩德羅二世的住所。皇家宮殿是歷史悠久的古蹟，近一百五十年都是巴西首要的政治中心，持續到 1889 年。

　　1980 年，皇家宮殿經歷了重大的翻新和修復，將建築物的外觀恢復到 1818 年左右的模樣。從 1984 年開始，皇家宮殿一直是個很重要的文化中心，在這裡也時常舉辦與藝術相關的展覽。此外，它還設有 Paulo Santos 圖書館，專門收藏有關藝術和建築工程的資料，同時也保留了一些 16 ~ 18 世紀的珍貴書籍。由於皇家宮殿具有珍貴的建築和歷史意義，目前成為國家建築古蹟，並由國家歷史和藝術遺產研究所保護。

皇家宮殿

地址：Praça 15 de Novembro 48, Rio de Janeiro, State of Rio de Janeiro, Brazil

電話：+55212533-4407

網址：www.pacoimperial.com.br

開放時間：周三至周日 12:00 ~ 18:00

INFO

里約熱內盧州立法院 (Palácio Tiradentes)

　　里約熱內盧州立法院位於里約市中心，曾經是巴西全國代表大會的所在地，為 1926 ~ 1960 年之間的老建築。建於 1640 年，是第一個帝國議會大廈，地下室還曾經設有「舊監獄」，關的是殖民時期的囚犯，革命英雄 Joaquim José da Silva Xavier（o Tiradentes）在這裡被關了三年後，於 1792 年 4 月 21 日執行絞刑。

　　1922 年帝國議會大廈被拆毀，並在 1926 年 5 月重新設計一個多媒體紀念展覽館，永久地紀念這位革命英雄，以及這個曾經為立法而存在的地方。1960 年，隨著巴西首都遷移至內地的巴西利亞，此處隨之變更為州立法院。

　　里約熱內盧州立法院內具有革命主義風格，有代表獨立和共和國的人物雕塑，立面內襯鋼筋混凝土。除了人物雕塑，也有巴西藝術家 Rodolfo Chambelland 的繪畫創作。

伊瓜蘇瀑布

　　伊瓜蘇瀑布毫無疑問是全球最美麗的旅遊目的地之一，更是世界上最壯觀的自然現象之一。伊瓜蘇瀑布位於伊瓜蘇國家公園內，被列為世界自然遺產，也是世界七大自然奇蹟。此地大自然的美麗與壯觀力量，很難用言語來形容，需要用心實際體會。伊瓜蘇瀑布名列世界第一的磅礴壯觀，是美國和加拿大交界處、著名的尼加拉瀑布（Niagara Falls）所無法相比。

　　伊瓜蘇瀑布整體是由約 275 個獨立瀑布（在雨季時可多達 350 個瀑布），急速下墜所組成的大型自然景觀。想像一下，上百座瀑布震耳欲聾的重擊到伊瓜蘇河流裡，令人不禁嘆息自身的渺小。伊瓜蘇河是阿根廷、巴西和巴拉圭的國界，鬱鬱蔥蔥的叢林環繞著瀑布，由於這裡是熱帶氣候，充滿陽光和無所不在的水分，給予生命充分的生長元素，最好的例子是，此地的松樹可以在二十年內茁壯成長，反觀北歐的松樹，可能需要花上

七十年才能長到同樣茁壯的程度。沿著伊瓜蘇國家公園內設計的瀑布步道，可以依稀看見水氣產生的彩虹，還有蝴蝶群舞在這片紅色土地上。

　　伊瓜蘇獨特之處就是這片浩瀚的熱帶雨林保護區，此處由巴西國家公園（www.cataratasdoiguacu.com.br），以及阿根廷國家公園（www.iguazuargentina.com）一同守護和保護。

伊瓜蘇怎麼玩？

伊瓜蘇國家公園 (Parque Nacional do Iguaçu)

　　創建於 1939 年，該公園是巴西第二古老的國家公園，也是南美洲最大的森林保護區之一。

　　巴西這邊所管理的伊瓜蘇國家公園，是採取雙層式的遊客巴士，從遊客中心（每 15 分鐘一班）通往園內直達瀑布源頭的步道，以及有名的酒店 Belmond Hotel das Cataratas。瀑布步道會一路引導遊客到 Salto Floriano 瀑布前，沿途大大小小的瀑布一路吸引著人們的目光，這也是最佳的聽覺饗宴。走道約 1.2 公里長，瀑布步道的蜿蜒小徑會有許多野生動物在身邊出沒，建議可以放慢腳步細細觀察。

　　到了 Salto Floriano 瀑布下，會有另一個更高的瞭望點，可以眺望更多瀑布。附近有伊瓜蘇國家公園提供的公園餐廳，供應巴西當地美食。休息片刻的同時，也可以採購一些紀念品。

野生動物園遊船 (Macuco Safari Boat Ride)

　　來到伊瓜蘇國家公園內必做的一項冒險，就是體驗搭乘快艇到伊瓜蘇瀑布底下刺激清涼地觀望瀑布。這項活動是由 Macuco 野外冒險公司所經營，整個流程分成三個階段：

　　第一個階段，是乘坐電動車（環保型）穿越伊瓜蘇國家公園內旺盛的森林，雙語導遊將沿路徑講解園內的動物、植物，完全可以滿足遊客對國家公園內生態的好奇心。

　　第二個階段，將和大自然有更親密的接觸，會以徒步沿著一條森林小徑繼續體驗國家公園內的生態環境，這裡有更多小驚喜。在森林小徑裡，會發現清澈的 Macuco 小瀑布。

　　第三個階段，就是最緊張的時刻囉！每一位遊客都要穿上救生衣，然後搭上雙引擎快艇，經驗豐富的駕駛將帶領遊客，由伊瓜蘇河上一路飆衝到峽谷的瀑布區。當到達那裡，可以見證到壯觀美麗的風景，在霧氣、水氣中形成一道絢麗的彩虹，這就是瀑布的魅力，也是大自然的神奇力量。快艇會多次進出瀑布中，就算有穿雨衣還是會全身溼透，被強大的瀑布力道包圍，那感覺將一生難忘。

　　堅固的船隻快艇每艘可乘坐 25 人，每 10 分鐘一班，船程約 2 小時。

野生動物園遊船

網址：www.macucosafari.com.br/en/macuco-safari
費用：成人 R$170，7 ～ 12 歲兒童 R$85，0 ～ 6 歲兒童免費

小叮嚀

請帶上一個額外的塑膠袋，將相機或要換的衣物裝入，導遊在適當的時機會提醒遊客把相機包起來。建議可以買一個防水的即可拍，將難得的落湯雞體驗留作珍貴的回憶！

其他活動

Macuco 野外冒險公司除了提供刺激的快艇活動，也提供以下其他活動：

· 黑井徑：自然教育徑道，從國家公園內 15 公里開始，在有規劃的步道上，以步行或騎自行車來完成這項活動。導遊會帶領通過 500 公尺的小道，到達一個高達 10 公尺的沙坑，可以在吊橋上觀看森林全景，並且隨著導遊乘坐充氣皮艇朝伊瓜蘇河上游前進，觀賞河景。

· 高空吊繩：這項活動是伊瓜蘇大峽谷內最膽戰心驚的野外活動。挑戰懸吊峽谷觀望伊瓜蘇瀑布，用吊繩垂降到 55 公尺的高度，人就掛在伊瓜蘇河急流的正上方，所有的行程都由訓練有素的專業人員伴隨，並使用專業認證的設備。

電話：（45）3574-4244、3529-6262
網址：www.macucosafari.com.br
時間：09:00 ～ 17:00

泛舟 (Rafting and River Trip)

　　Macuco 野外冒險公司也可以安排 30 分鐘的泛舟之旅，全程 4 公里，乘船沿著伊瓜蘇河，行經四個不同的河域：其中兩個是平靜水域，另外兩個則是急流水域。經由平靜水域時，遊客甚至可以下河游泳。在巴西這邊，該路線的起點靠近瀑布，一路從高水位往下行駛，沿途有變化萬千的壯麗景色。

　　這項活動絕對令人驚心動魄，體驗力量與大自然融合的美。活動已根據國際法規去規範所有的安全設備，無須太擔心，Macuco 野外冒險團隊會為遊客提供救生衣、頭盔和槳，以保證參加者的安全。

> **泛舟**
> 開放時間：每天 09:00 ~ 17:00
> 冒險時間：1 小時左右
> 參加者：14 歲以上，18 歲以下必須由監護人負責
> 　　　　簽署豁免責任的長期授權書
> 溫馨提示：穿著防水服裝或泳裝
> INFO

直升機眺覽伊瓜蘇瀑布 (Helicopter Flights Over Iguassu Falls)

　　這是揮霍奢侈的行為嗎？嘿，絕對是的。但每個人都應該縱容自己，體驗一下鳥瞰伊瓜蘇瀑布。自從 1972 年以來，伊瓜蘇市就開始提供直升機包機飛越整個伊瓜蘇瀑布眺望全景，也可以去看伊泰普水壩，此地亦是三國國界的地標。

　　直升機旅程的價格不便宜，最低票價為每人 120 美元，乘坐 10 分鐘。更遠的路線是長達 35 分鐘，售價為四人 1,340 美元，除了伊瓜蘇瀑布，也會飛過伊泰普水壩和伊瓜蘇市。

鳥園 (Parque das Aves)

　　鳥園座落在最吸引人潮的地點，就在世界七大景觀之一的巴西伊瓜蘇瀑布國家公園外，約5分鐘的路程。吸引成千上萬來自世界各地的遊客，來欣賞巴西罕見且鮮豔的飛鳥，這片受保育的熱帶森林鳥園成立於 1994 年，目前擁有超過 900 種鳥類和 150 種不同的動物。1,500 公尺的園區路徑，讓遊客可以很自由輕鬆的從一個生態區悠閒地逛到另一個生態區，是相當有趣且難忘的體驗。

　　在熱帶雨林區（Pantanal），遊客可以在這自由開放的空間裡，和友善的鳥類如巨嘴鳥近距離接觸，牠們非常可愛，絕對是拍照的焦點。在鳥園裡，還有非洲大草原的生態，

稀有和奇異的動物令大小朋友都嘆為觀止。接下來就是園區內最受矚目金剛鸚鵡庇護所，最精采的部分是與鳥類進行直接接觸。能夠近距離的觀察這些瀕臨絕種的奇妙動物，是非常美好的經驗，過程會讓每個人激動不已。除了有吸引大眾目光的鳥兒，園區內還可以欣賞到數種蛇類、蜥蜴、鱷魚，當然絕對不能錯過參觀蝴蝶的培育屋，成雙成對、色彩繽紛的蝴蝶圍繞在身邊飛舞，一點都不害羞呢！

　　鳥園內提供一流的安全設施，讓遊客可以專心觀賞和體驗風景，園內路徑也適用於行動不便、坐輪椅的遊客。此外，也附設停車場，還有快餐店和紀念品店。在這個鳥類保護區，讓鳥類自由自在地生活是園方的目標，也是最令遊客敬佩的宗旨，來巴西伊瓜蘇記得一定要探訪這裡！

鳥園
開放時間：每天 08:30 ~ 17:30
遊覽時間：請規劃 1 ~ 2 小時
費用：R$28
溫馨提示：穿著舒適的鞋子和衣服

伊泰普水壩 (Itaipu Dam)

　　伊泰普水壩是個浩大的工程，它是全球前幾大水力發電廠之一，提供巴拉圭 71.3% 和巴西 16.4% 的用電。伊泰普水壩位在巴拉那河（Parana River）上，這個大壩是個長 12 公里、高 50 公尺的巨大混凝土結構，周圍安裝了引水渠道和發電機組。

　　Itaipu（瓜拉尼語 Itaipu，葡萄牙語 Itaipu，西班牙語 Itaipú），命名為「伊泰普」是該工地附近的一個小島。在瓜拉尼語（它是巴拉圭原住民的語言）中，伊泰普的意思是「冠冕堂皇的石頭」。

　　在 2013 年，伊泰普發電量約 98,630,035 兆瓦 / 小時（伊泰普官方網站的資料：www.itaipu.gov.br/en/energy/production-year-year）。伊泰普水壩是巴西與烏拉圭兩國民族共同經營的大事業，從北方的友誼大橋開始，全長 15 公里。當初安裝的 20 臺發電機，

10 臺位於巴拉圭，產能 50 萬赫茲；10 臺在巴西，產能 60 萬赫茲。由於巴拉圭發電機的產能遠超過巴拉圭本身的用電需求，因此大部分的電力直接供給巴西。從兩條 6 萬伏特高壓直流電路，每條約 800 公里長，攜帶電力遠至聖保羅和里約熱內盧區域，而最終端設備再把電源轉換為 60 赫茲。

想要更了解這個巨大的建築與細部運作，可以參加伊泰普當地所提供的深度旅遊介紹。其中一項觀光旅遊，就是可以進入伊泰普水壩內工廠參觀，這趟特別之旅可讓遊客清楚地遊覽整個水壩。從伊泰普的觀光局車站出發，首先會在放映室裡欣賞約 15 分鐘介紹伊泰普水壩歷史和工程的影片，隨後跟著解說員一起乘坐雙層巴士。第一站抵達伊泰普區域內的露天觀景臺，由此可一望遠處的伊泰普水壩疏洪道，以及伊泰普的整體景觀。第二站會到高達 196 公尺的水壩站，遊客可以看到巴拉那河和伊泰普水庫湖泊開闊的視野。除了可以觀看巴拉那河的舊河床，也可以看到正在運行中的發電渦輪。

一般的觀光行程都是在白天開放給遊客，如果夠幸運，則可以參加月圓之夜的晚間導覽，整個水壩的燈光都會亮起，相當壯觀。

伊泰普水壩
想要更加了解伊泰普水壩提供的活動，請參考官網：www.itaipu.gov.br/en。

INFO

讓鮭魚可以洄游產卵

生態博物館 (Bela Vista Sanctuary)

　　創建於 70 年代的生態博物館，是一個很特別的生物保護區，當初為了建設伊泰普水壩，而成立了這個生態保護區，好讓原本在此生活的動物和植物得到適當的庇護所。這類的生態博物館是全球自然科學家所樂見的，畢竟它能啟發鼓勵人們對環境和生態系統的保護意識。

　　生態博物館就位於伊泰普科技園區內，再次溫馨提醒，它並非動物園，而是一個讓當地原生動植物可以繼續繁殖的環境保護區。除了基本的保育工作，這裡更是動物的避難所，例如在此搭建鮭魚繁殖時需要的河流水位，以木塊搭起高水位落差，讓鮭魚可以洄游產卵。再者還有淨化水源和養殖草坪，以恢復水豚所需要的生存環境。該館目前已經是 35 種動物的避難所，包括捲尾猴、食蟻獸、花豹、老鷹，不但成功打造這些

生態博物館
開放時間：周三至周一，每天 08:30、09:30、14:00、
　　　　　15:00 四個梯次；周五及周六，每天 10:30
　　　　　一個梯次。
遊覽長度：平均來說約 3 小時
溫馨提示：穿著寬鬆的衣服、舒適的鞋，
　　　　　擦防曬乳液和噴驅蚊劑

花豹

食蟻獸

動物的自然棲息地，還栽種數千種植物和花卉進行復育，是巴西獨一無二的生態研究所。

　　如果有時間，安排一趟參觀生態博物館的行程，相當有意義且知性，專業的導遊會以多種語言解說本地植物群和動物群。因為館內有人數管制，且園區是動物自由活動的區域，建議早點到達伊泰普科技園區查看參觀的梯次，並預先購票。

月光之旅 (Moonlight Tour)

　　每逢月圓之夜，在巴西和阿根廷兩邊的國家公園，會開放遊客獨一無二的賞月體驗，讓人流連忘返於美麗且幽靜的瀑布氛圍。夜深人靜時的伊瓜蘇瀑布，和白天的壯觀瀑布呈現截然不同風貌。

　　住在巴西這頭的國家公園遊客，可以詢問 Belmond Hotel das Cataratas 飯店服務人員有關月光之旅的時間，他們會告知時間，並有導遊導覽整個步道。因為月圓時的月光相當亮，所以在步道上行走是安全的，途中還會看到很多小動物也出來賞月喔！

　　如果從阿根廷這頭出發，首先會搭乘一段火車，然後沿著木甲板步行約 1 公里來到阿根廷伊瓜蘇國家公園內有名的魔鬼的咽喉瀑布（Devil's Throat），雷鳴般的水聲不斷怒吼著，夜裡閃閃發光的平靜河流與轟然的瀑布聲對比，有著無法形容的感受。

　　瀑布在月光的襯托下美麗脫俗，完全超越旅客的想像。夜晚參觀瀑布的美妙之處在於迷人的月色配上各人的想像力，會不禁閉上眼睛用其他感官細細品味周圍的聲音和森林的氣味，以一種獨特的方式見證月色下的空靈。即使漫步在甲板上可能不到半小時就全身溼透，可是心靈卻被洗滌得乾乾淨淨，讚嘆上帝奇妙之手所創造的一切！

特色住宿介紹：
Hotel das Cataratas 國家公園內的粉紅城堡
歷史介紹

　　Hotel das Cataratas 是唯一一家位於伊瓜蘇國家公園內的飯店，外觀宛如粉紅色城堡的建築特色，搭配伊瓜蘇瀑布的壯麗景色，成為國家公園內的一幅美景。開業已五十年的 Hotel das Cataratas，自 2007 年以來，已被徹底翻新。設施也提升到四星級水準，葡萄牙殖民時期的建築風格，依然守護著這被譽為世界七大奇景的瀑布。

　　由法國設計師 Michel Jouannet 操刀，除了主體建築的維修，還包括大廳、Tarbobá 酒吧、伊泰普（Itaipu）餐廳、水療中心，以及擁有自動加熱壁爐的休息室和閱覽室，都在整修後呈現出新樣貌。另外，兩個分別於 1971 年和 1982 年建立的長廊，經過現代化的改良後，改名為花園翼和森林翼。

　　飯店內有眾多美食喔！提供具有現代國際風格的餐點，並加上巴西風味的小點心！Ipê Grillg 是飯店內比較高級的用餐選擇，位於游泳池畔和花園，提供相當溫馨的用餐氣氛。餐廳可以容納室內 150 人和戶外 60 人。晚上主要提供巴西燒烤 buffet，如果吃不下

buffet，也可以選擇單點。這裡也是自助早餐的供應處，包括新鮮水果、優格、麥片、沙拉吧、燻鮭魚、香檳，以及飯店每天自製的 10 種麵包、果醬；飲料有新鮮果汁、咖啡、茶、牛奶和熱巧克力等。這裡的早餐極具吸引力，值得花時間好好享受如此豐盛的餐點！

　　伊泰普餐廳設立於一樓，是面對瀑布美景陽臺上的用餐區。這家餐廳擁有米納斯吉拉斯州工匠獨特的燈罩、葡萄牙風格的瓷器、德國水晶和銀器、繪畫家 Dominique Jardi 的作品，營造出唯美的氛圍，也是客人選擇來此用餐的原因。伊泰普餐廳的菜單，總會隨時融合當地食材與季節性調整變化。

　　Tarbobá 酒吧充滿巴西風情，不僅呈現熱帶傳統文化，還設有鋼琴酒吧，提供美味的雞尾酒和開胃酒。除了夜晚的爵士樂，其他也包括熱門的巴西音樂如 bossa nova 和西洋音樂。酒吧的位置更是看夕陽的好地方。

　　Hotel das Cataratas 距離機場僅 24 公里，距離城市中心則有 40 公里。整體的占地面積為 1,500 平方公尺，是座落於南美洲最令人印象深刻的地方之一。該飯店包圍在 185,000 公頃的熱帶森林中，是國家公園裡唯一的人為景觀，可以俯瞰伊瓜蘇瀑布。

Hotel das Cataratas
地址：Br 469 Km 32 Parque Nacional Do Iguacu Foz
　　　Do Iguacu, Brazil 85853000
網址：www.belmond.com/hotel-das-cataratas-iguassu
　　　falls/?c=ppcbing&p=cat_brand_us&cr=cataratas

INFO

2011 年，伊瓜蘇瀑布在國際知名度上被推升至另一個層次，由民眾投票，獲選為新七大自然奇景，也使 Hotel das Cataratas 的名氣跟著水漲船高。

客房介紹

Hotel das Cataratas 的整體改造計畫中，把地板重新整理、管路更新，提供全自動空調系統，現代化的 193 間客房與葡萄牙殖民風格的古老建築風，呈現出相當有趣的對比。裝飾房間的圖案，為 Ludmila Demonte 的作品，他是一位擅長繪畫植物的巴西畫家。浴室也是專門設計，白色大理石上點綴了屬於葡萄牙風的花紋，典雅地覆蓋整個衛浴設備。此外，走廊的地毯亦經過特別設計。

客房內的家具是依據全球環保趨勢理念設計，使用經認證的軟木，床框與窗框上都以本地植物圖案作為點綴。床單使用了埃及棉床單，衛浴用品是巴西名牌 Granado，從各個小細節中都可以看到巴西的特色。

客房分為七種：高級客房（Superior rooms）、豪華客房（Deluxe rooms）、瀑布豪華客房（Waterfalls deluxe rooms）、標準套房（Junior suite）、貴族套房（Noble suite）、城堡套房（Tower suite）、總統套房（Cataratas）。

休閒娛樂

在 Hotel das Cataratas 的園區內外，有很多休閒娛樂供選擇，包括伊瓜蘇國家公園內的各項戶外活動。Hotel das Cataratas 最大的優勢，就是可以盡情欣賞伊瓜蘇瀑布的全景，而且不受國家公園的開放時間管制，隨時享受這個國家公園。只有 Hotel das Cataratas 的客人能夠在早晨徒步漫遊瀑布步道，不管是私自散步，或是伴隨生態導遊的解說，都是相當特別的體驗，可以盡情地、無干擾地享受大自然的奧祕。

另外，如果幸運遇到滿月的夜晚，只有住在 Hotel das Cataratas 的客人可以伴隨生態導遊和公園護林員，走到巴西伊瓜蘇瀑布的步道，觀看月光照亮在瀑布上，溼氣和水霧形成的彩虹噴霧，絕對是獨一無二的美景。

飯店內最受旅客喜愛的，莫過於水療中心，以自然的整體概念，提供客人一個俯瞰鬱鬱蔥蔥花園的休閒會館。服務項目多達 20 樣，包括放鬆和提神的按摩。有 6 間理療室，其中包含情侶間，附設浴缸、面部護理、身體磨砂，甚至修指甲；有 2 間蒸氣浴室，可以供所有客人使用。最特別的是，所使用的產品是異國情調精油，且均為天然成分，如香茅、百香果、綠泥和有機糖，可以深層紓解身體的疲憊。一般療程有 30 ～ 120 分鐘等選項，若想要體驗一下，check-in 後就可以先預約！

飯店內有兩個泳池，最大的面積 310 平方公尺，具有深、淺區域的規劃。在冬季，也提供水溫 26°C 的溫水池。一旁的圓形小池，是兒童專用的小泳池。泳池會為客人提供毛巾、防曬霜，除了一般服務，也提供客人熱帶飲料、水果和小點心等，可以在游泳池畔享用。餐點和飲料都相當具有特色，服務水準也很優！

Delírio brasileiro no
Estádio Azteca. A Jules
Rimet vai definitivamente
para as mãos de quem
mais a merece.

大都會的文化

Audição, A Sinfonia da Metrópole

Elvis Presley, a estrela do rock and r

球迷也瘋狂，巴西足球

巴西足球歷史

19 世紀初，許多英國工人都移民來巴西找機會，其中一人就是 Thomas Donohue，這位蘇格蘭移民是巴西足球真正的始祖教父。但如果問到是誰鞏固了巴西足球的地位，任何巴西足球迷的回答都是 Charles Miller，這樣回答也沒錯，因為他們都對巴西足球有很深的影響力。

關於 Thomas Donohue

Thomas Donohue 出生於 Busby，是一個蘇格蘭工業小鎮。就在他出生的 1863 年，世界上第一個足球協會成立於倫敦。10 歲時，Thomas 就跟著父親到印刷公司任職染色師，開始工作。當他加入公司的同時，他也建立了公司的第一支足球隊。結婚後有了孩子，

辛苦賺取的微薄收入已不敷應付生活開銷，Thomas 開始尋求蘇格蘭之外的工作機會。隨著拉丁美洲國家對英國工業化技術的需求，他在巴西找到了一份紡織工廠染色師的工作。

1894 年 5 月，他乘船從英國南安普頓到里約熱內盧，留下他的妻子和兩個年幼的兒子。有關 Thomas Donohue 在巴西的生活細節其實不多，可是從歷史記載得知，當時紡織工廠所在的小鎮叫 Bangu，除了紡織工廠就是幾條街而已，蘇格蘭移民很快就定居於此。雖然他滿意新的工作和朋友，但還是念念不忘自己的老愛好踢足球，蘇格蘭周末最佳的消遣。然而，Thomas 意外地發現附近沒有任何足球隊，也沒有可在商店購買到的裝備，甚至當地沒有人知道這項運動。因此，他寫信給妻子，要求她帶著孩子和一顆足球，一起來巴西定居。而當他的妻子到來後不久，1894 年 9 月，就在當地紡織工廠旁舉行了巴西的第一場足球比賽。根據歷史記載，這是英國工人之間的六人制比賽，發生在 Charles Miller 比賽前的八個月。

關於 Charles Miller

1874 年，Charles Miller 出生於巴西聖保羅，父親是蘇格蘭鐵路工程師，母親是巴西人。10 歲時，Charles 被送到英國南安普頓的住宿學校。隨著足球成為新的運動趨勢，Charles 證明了自己具有足球天賦。離開學校的前兩年，他已經是隊上的先發中鋒。後來，他入選聖瑪麗的足球隊（現南安普頓），並打了幾場比賽。十幾年後，他回到巴西，在他的行李中有兩顆足球和一本有關英式足球 13 條規則的書籍。1895 年 4 月 14 日，Charles 組織了巴西第一支足球隊，由聖保羅鐵路工人和煤氣工人之間展開的友誼賽，被廣泛認為是巴西的第一場足球比賽。幾年後，Charles Miller 成立了全國首次的足球聯賽，鞏固了足球在巴西的地位。

巴西足球熱

　　足球很快就受到巴西人民的喜愛，並且在 1930 年參加第一屆世界盃。儘管巴西隊在第一輪就遭淘汰，卻使足球在巴西的歷史中占有一席之地，成為普及的話題。二十年後，巴西成為 1950 年世界盃的主辦單位，在 20 萬人面前，巴西對戰烏拉圭，但這卻是悲哀的一天，因為巴西以 1：2 的比數輸給了烏拉圭。

　　隨著歲月的流逝，巴西足球漸入佳境，越來越多的巴西足球運動員脫穎而出。自 1950 年後的 8 年，巴西有時間得以培訓出好的足球運動員，在巴西足球歷史上最優秀的球員比利（Pelé）。這個 17 歲的神奇小子在半決賽中踢進三球，以 5：2 戰勝了法國，接著又成功地帶領巴西打贏瑞典，奪得 1958 年的世界盃，也為巴西足球歷史寫下豐功偉業。世界盃後，比利把足球熱潮傳遍巴西的大街小巷，每一位足球員都想成為比利，每一位父親都希望自己的兒子成為下一個比利。

　　巴西在未來的 60 年裡，贏得了 5 屆世界盃冠軍，並孕育更多優秀球的足球員，如羅納度（Ronaldo）、貝貝托（Bebeto）、卡富（Cafu）、小羅納度（Ronaldinho）、阿德里亞諾（Adriano）、羅馬里歐（Romário）、卡洛斯（Roberto Carlos）、鄧加（Dunga）、卡卡（Kaká）等。

巴西足球文化

　　1895 年，足球來到巴西，更準確地說是來到了聖保羅。而且，在那個時候，這個國家仍然被葡萄牙殖民時代的文化影響著，足球也成為這種文化的一部分——精英且帶著種族主義的遊戲，這就是巴西足球獨特的色彩。

　　即使今日的巴西社會，在暴力、種族歧視的環境下，仍有超過 5,000 萬人生活在貧困中，那些人無法享有平等，也幾乎沒任何改善經濟條件的機會。巴西的腐敗和犯罪率，依舊是這個國家現實中的最大黑暗面。為了彌補這樣的失落與無奈，巴西的足球不再是大城市富人俱樂部的一種高級運動，也快速深植到廣大的巴西貧困人口。逐漸地，足球征服了街上的人們，成為市井小民間表達自身生活態度的重要溝通媒介。

　　巴西足球的歷史也代表著南美國家的社會鬥爭史，它不只是一項體能運動，更在社會學裡有很特殊的意義。在巴西，足球同時作為一項精英及老百姓的運動和樂趣，標誌著一個普及過程的開始，過程中足球逐漸發展為主流文化，成為橫跨巴西不同社會階層最有力的媒介，這種發展可分為幾個階段：1910 ～ 1920 年，足球在巴西興起；在 1920 年代進入了運動俱樂部；至 1950 年代後，足球的普及化和民主化，已經成功地擴散到整個巴西。

　　正是巴西的低下階級窮人賦予巴西足球文化特色。巴西足球展現的是在這片土地上

祖先們，印第安人和黑人對自身文化的認同。1965 年，巴西足球社會學的創始人之一 Anatol Rosenfel 曾經說過，一個國家怎樣玩足球並不重要，重要的是一個民族如何在玩、如何發揮這項運動的精神。就如同巴西的教育理論，孩子們應該有時間當孩子、享受無所事事，和家人休閒娛樂，和朋友一同遊戲、一起運動，這些都是不可重複的學習機會，而通過這些經歷他們會開發創新，也會增加人與人之間互動的敏感性。因此，巴西小孩沒有一個不會踢足球，長大後工作之餘的閒暇，都會和公司的同事來場足球比賽。

　　巴西人一直認為，足球反映了社會的現實條件。足球就像是一本書，講述了正面和負面的社會特徵。然而，儘管巴西的社會有很巨大、也需要解決的問題，巴西人還是認為，他們是足球這項運動中世界頂尖的運動員。巴西人的音樂、嘉年華、自由藝術創造力，以及足球，是他們的驕傲。擁有全世界都擔心的社會暴力、統治者專制和貪汙，在這些無奈中，巴西人從足球找到發洩的出口。巴西人一致認同足球，那是巴西人的生命元素，也是這個國家的根，更是一種群體生活的精神支柱。

　　足球這名詞與巴西緊密地聯繫在一起，它曾經是世界冠軍，引發世界各地球迷的熱烈期望。對巴西人來說，足球的輸贏象徵著人類為什麼努力的出發點，是對社會、國家賦予期許和希望的好兆頭！

巴西國家足球隊

　　巴西國家足球隊（葡萄牙語為 Seleção Brasileira）代表巴西國際男子足球協會，（CBF）是巴西足球協會的執行機構。自 1916 年以來，巴西國家足球隊就一直是足球協會（FIFA）的成員，至 1923 年成為南美足球聯合會的會員。在足球世界盃的歷史上，巴西國家足球隊是唯一在四大洲贏得了世界盃的球隊——歐洲（1958 年在瑞典）、南美洲（1962 年在智利）、北美洲（1970 年在墨西哥和 1994 年在美國）、亞洲（2002 年在韓國 / 日本）。然後 2014 年世界盃，巴西國家足球隊不幸以第四名作結，結束了這屆讓巴西人心碎的比賽。

巴西足球博物館

　　位於聖保羅市的足球場 Paulo Machado de Carvalho Municipal Stadium，簡稱 Pacaembu 體育場（Estádio do Pacaembu），是聖保羅市的建築指標之一。

　　足球博物館的功能不僅在於介紹一項體育運動，更呈現了與巴西人民息息相關的歷史。巴西人的全副心思都放在足球上，思考著如何運球、如何得分，它團結了巴西人的全體激情，所帶來的情緒總是歡樂多於悲傷。參觀足球博物館等於是瀏覽巴西的歷史，在這個時空膠囊裡，可以看到巴西人的生活習慣、風俗和行為，是如何與這項運動的軌

the History of
Brazilian Football.

跡密切聯繫。在足球博物館裡,除了臨時特展,總共有 16 個展覽點,分布在三層樓。每間展覽室都融合了足球的樂趣,表現出巴西歷史和巴西人對足球的情感。

首先在入口處,是一個寬敞的大廳,被稱為迎賓區,展覽所有與巴西足球相關的複製品:彩帶、遊戲、海報、鑰匙圈、足球隊照片和無數道具。這番大規模的分享,是為了感謝所有球迷對足球的熱愛!一上手扶梯到二樓,足球之王黑珍珠比利立刻映入眼簾!以葡萄牙語、英語和西班牙語給遊客一個熱烈的歡迎。在第三個展覽室裡,展示了 25 名代表球員在巴西足壇上所創造的歷史,裡面有 11 個屏幕懸掛在房間中,周邊用 44 張照片展示球員在球場上各式招牌的踢球動作。

除了展覽室所陳列的歷史、足球規則,更特別的是,還可以參觀足球場內場與外場的結構,伴隨著球迷豪情萬丈的影像和尖叫聲,彷彿自己也是其中一名支持者,激動人心的場面相當震撼。

巴西是唯一一個迄今為止參加歷屆所有世界盃比賽的國家,而且也是唯一贏得五次世界盃冠軍的國家。這些成功和失敗發生在不同的政治、社會、經濟和文化背景中,在每一個時期,都可以因為足球,而看到巴西和世界的改變!

巴西足球博物館

地址：位於 Praça Charles Miller, s/n- 廣場，簡稱 Estádio do Pacaembu，聖保羅人都比較熟悉
　　　Pacaembu。

網址：museudofutebol.org.br

開放時間：周二至周日 09:00 ～ 17:00，博物館逢周一休息

費用：大人 R$6、學生和 60 歲以上老人半票 R$3

交通：地鐵 2 號綠線 Clínicas 站，再轉計程車

HIGH 吧！巴西嘉年華！

嘉年華歷史

　　嘉年華的由來可以追溯到好幾百年前，當時由於天主教徒即將要執行每年 40 天的禁慾——天主教徒將停止所有肉類、酒精和其他世俗的享受，因此在進入這 40 天禁慾考驗前，他們就來個大狂歡節。嘉年華來自 Carne Vale 這個名詞，意為告別肉類。就因為要短暫的告別世俗享受，狂歡文化便誕生了，這傳統來到巴西，則融合了葡萄牙和巴西風格。巴西的嘉年華不完全是受歐洲天主教的影響，因為當時巴西為葡萄牙的殖民地，有許多非洲人透過奴隸貿易來到這個國家，所以很多嘉年華的傳統來自於非洲部落習俗。比如在花車上，會以石頭、骨頭、花草等自然元素來裝飾；舞者也會使用羽毛裝飾，象徵著崛起和重生的精神；這些元素都是現在巴西嘉年華的主要特色。

　　在 1840 年代，連國王和貴族也參加這項活動，以奢華的服裝和音樂遊街慶祝。十年

後，街頭遊行、馬拉花車、軍樂隊成了嘉年華的焦點。邁向世紀末，嘉年華變成了工人階級的節日，人們身著盛裝，伴隨著音樂節奏，加入遊行隊伍。在嘉年華期間，人民的遊行也被用來表達想法，更有森巴學校會用諷刺和挖苦的遊行主題，表達對政府的不滿，以及對自由的渴望。

舞蹈和音樂是巴西嘉年華的象徵，卻不是巴西本土文化，這樣的節奏是受具有音樂天賦的非洲人所影響。森巴是音樂節奏、是歌曲、也是舞蹈，在 1888 年廢除奴隸制度後，直到 1917 年，生活在貧民窟裡的非裔民族，成為影響森巴風格不可或缺的要素，他們敲打出來的節奏振奮人心。如今，森巴在巴西的文化中，是很珍貴的遺產之一，即使在今天，能唱出真正森巴原味的人，往往仍是還住在貧民區窩棚的人們。

1920 年，森巴形式的音樂和舞蹈越來越流行，舞蹈家和音樂家開始經常聚集在學校或大學，交流他們對森巴藝術的創作。他們的聚集很快就演變成正式的森巴協會或森巴俱樂部，進而培訓人才或享受這項新興的流行音樂和舞蹈。正因為對森巴的喜愛和狂熱，開始舉行森巴學校之間的比賽。1932 年，是森巴學校第一次正式的比賽，隨著比賽越來越激烈和受到許多觀眾的讚賞，里約熱內盧的體育協會就創建一個場地，供森巴學校進行遊行比賽，最後演變為一年一度的嘉年華狂歡假期。

在整個巴西，嘉年華是一連串相當壯觀的狂歡佳節，而每個大城市的森巴學校競賽，更是吸引無數巴西人和遊客前來朝聖。各所森巴學校的演出都華麗驚人，幾百人的隊伍敲擊著激烈的森巴節拍，讓人不自覺地跟著舞動，絕對是場精采無比的盛典！

巴西嘉年華的多種風情

在每年 2 月底至 3 月初，巴西嘉年華毫無疑問的是巴西人玩得最瘋狂，也最放縱自己的夏日佳節！為了迎接這慶祝夏天結束的國家慶典，大家可是卯足了精神要好好的享受！嘉年華最耀眼的元素，無疑是精心手工製作的服裝，服飾反映了每個森巴學校的主題，精心製作的秀服就是要愉悅觀眾。而前來參加嘉年華的觀眾，可以稍稍打扮，也可以盛裝出席；儘管美麗的森巴舞孃穿著暴露，但裸體是不被允許的。大家無不盡情用歌聲、舞蹈和視覺創意，呈現出嘉年華的歡樂、華麗奇觀。

在聖保羅的嘉年華體育場上，成千上萬的狂歡者在羽毛的包圍下，伴隨著耀眼的鼓隊行進，他們念、唱、喊出對嘉年華的熱情，喧鬧的人群中，人們動感地搖擺著森巴、同步跟唱（每個人入場都會拿到節目表，裡面附註每個森巴舞蹈學校的歌曲）、捶胸口、讚賞森巴舞者迷人的身材，以及那快速搖擺翹臀的節奏，那無疑是令巴西人無法抗拒的性感！

每年的遊行，都湧進巴西現今最具有競爭力的森巴舞蹈學校，參加團體表現出

練習　　　　　　　　　　　　　　　　非洲巫術主題

森巴女孩

100％的團結力量。最大的遊行活動是特別小組的競賽，總共持續三天，前兩天的盛會最令人緊張。城市裡頂級的十四所森巴舞蹈學校，在體育場裡激烈競爭。不管是在現場觀看，或是電視機前的觀眾，誰贏誰輸，都是全國一心一意關注的大新聞。

　　聖保羅的嘉年華體育場，啟用於 1991 年，可容納 3 萬名觀眾。在遊行中，森巴舞蹈學校被評判的項目包括主題、服裝、整體組織的一致性等，參加團體必須在 45 分鐘內穿過全場。過去幾年的主題，包括日本人移民巴西、巧克力的美味、非洲巫術等；而近期的主題，則有海洋世界、對神的崇拜、披頭四、美國隊長等。

　　嘉年華總是熱鬧非凡，樂隊踏著自己的擊鼓聲，或是流行音樂節奏，他們代表著異想天開的嘉年華精神。在這個奇幻無比的世界裡，任何人都可以參加，隨著旋律自在搖擺，揮舞雙手甩開那執著的叛逆，脫掉西裝，鬆掉領帶，喝著啤酒，吃著烤雞、香腸、牛肉和其他街頭小吃，這是巴西人嘉年華期間，每晚從 10 點 high 到早上 6 點的徹底解放！

海洋世界主題

森巴舞蹈種類

　　森巴（samba）可說是巴西最典型、也最為人熟悉的音樂印象，它一開始由 19 世紀的歌舞形式開始變化出許多類型，其本質特點就是節奏。這樣的節奏最初起源於 candomble，譯為祈禱音樂，是巴西非裔的宗教習俗。森巴這名詞本身的意思就是祈禱，非裔巴西人在祈求時，通常伴隨著舞蹈，起初殖民巴西的歐洲人認為這音樂和舞蹈是淫蕩且有罪的，但這種看法並沒有停止此習俗，反而更為廣泛普及流傳於巴西民間。如今森巴舞已經成為一種流行的交誼舞，節奏輕快、精力充沛，並且激勵人心，主要的森巴種類有：

- ·單人森巴（Samba no pé）：是傳統森巴舞蹈獨奏的名稱。特殊的森巴舞步非常簡單，自發地行進時隨著音樂的節拍移動跳舞。節奏是四分之二拍，男生和女生的舞步稍微不同，是經常可以在嘉年華遊行等慶祝活動上看到的舞步。
- ·森巴斧（Samba Axé）：新式單人的森巴舞蹈。這種舞蹈始於 1992 年，森巴斧的音樂節奏沒有特定，節奏可快可慢，通常是以慢節奏開始，逐漸加快，以快節奏結束。
- ·雙人森巴（Samba de Gafieira）：是在舞廳比賽裡最普遍的類型，也是與拉丁舞蹈較相似的舞風。許多人認為這是森巴舞蹈與華爾茲、探戈之間的融合，原本森巴舞伴是可以較輕鬆的搭配，但隨著森巴節拍已發展到需要越來越多技巧，比起一個人跳森巴，這種雙人舞因為節拍快速，而意味著舞伴間需要具備絕佳的默契。

　　這三種森巴是南美洲舞廳常見的舞蹈，但單人舞講求技巧，而雙人舞需要默契，可不是那麼容易就能跳出巴西森巴的獨特韻味。

搖擺吧！巴西音樂

音樂種類

　　巴西音樂充滿激情與悟性，它反映了巴西的精髓和靈魂，在許多巴西人的生活中產生了很大的作用和影響。如果曾經走在巴西的街頭，或到過巴西的海灘，可以看到巴西人是如何充滿活力和快樂地享受人生，在他們走路、說話、舞蹈和表達感情時，音樂是最自然的語言。巴西人非常熱愛音樂，這是他們文化的一部分。

　　在巴西，無論走到哪裡，會發現巴西人聽的、唱的和跳的音樂彷彿相似，但其實不同。對於大多數巴西人而言，音樂不僅是聽一首歌，更每天伴隨著他們的各種情緒。巴西擁有豐富的音樂遺產，無論是在巴西人的日常生活，或是各類慶典活動，都有專屬的音樂搭配，並發揮重要作用。巴西音樂風格的獨特和多元化，是不同文化相融的結果。

　　巴西的音樂涵蓋了非洲奴隸、歐洲統治者和美洲印第安人的風格，非常多元化。經

過五百多年的歷史，演變出豐富的音樂種類，如森巴（samba）、黏巴達（lambada）、choro、bossa nova、frevo、forró、maracatu、MPB、嬉皮卡里奧卡（funk carioca、sertanejo）、巴西搖滾（Brazilian rock）、pagode、axé、brega 等。

在大多數人的印象中，最具代表的巴西音樂就是森巴。森巴在巴西，以其充滿活力和獨特的節奏，成為最知名的音樂風格，往往伴隨著舞蹈。它通常被認為是巴西獨特的音樂風格，因此成為嘉年華的主軸音樂。但是，除了嘉年華的森巴節奏，森巴本身的音樂變化也是相當多樣且充滿驚喜。

巴西人對音樂的詮釋也因為區域性而隨之不同，音樂依據當地人的心情而有萬種風情，也刻劃出百姓日常生活的寫照。

巴西音樂風格

巴西的音樂非常獨特多樣，各種音樂在不同的地區發展，以下介紹一些不同的巴西音樂風格。

- 森巴（samba）是巴西音樂和巴西舞蹈，也是巴西最流行的音樂形式之一，節奏獨特，特點是臀部擺動的舞蹈風格，被認為是巴西的國家音樂風格和巴西嘉年華的象徵。森巴於 16 世紀期間源自非洲奴隸貿易，最初為非洲宗教的祈禱儀式，演變至今有許多不同種類的森巴音樂和舞蹈，是多類型的傳統音樂。

- Bossa Nova 是從森巴進化出來的新音樂風格。這種音樂風格融合了爵士樂的和聲，以及流暢的慢森巴。與森巴不同的是，森巴來自於在貧民區，而 bossa nova 來自於里約熱內盧的海濱高級住宅區。bossa nova 於 1950 年代開始流行，幾個著名的巴西音樂家包括 Johnny Alf、Antonio Carlos Jobim and Joao Gilberto。

- 巴西流行音樂（Música Popular Brasileira 或簡稱 MPB），具有混合曲風的音律。它不限於一種風格，而是混合了許多不同巴西音樂組成的流行風格，盛行於 1970 年代。今日的巴西流行音樂多多少少經過混音，如 bossa nova、巴西民謠、巴西搖滾、流行、爵士、森巴等多種音樂。巴西流行音樂最初在 1966 年成為一種風格，類似第二代的 bossa nova。但巴西流行音樂獨特的混淆節奏，結合來自不同文化的元素，使其成為非常受歡迎的音樂風格，如 Gilberto Gil、Chico Buarque、Caetano Veloso、Marisa Monte，都是巴西流行音樂的代表歌手。

- Frevo 是一種街頭嘉年華音樂，起源於巴西北部的美麗海岸城市 Recife，有超過一百年的歷史。frevo 的音樂和舞蹈非常具有個人色彩，在舞蹈的編排中增加雜技，另外也需要相當好的體力。嘉年華時，民眾通常會穿起色彩鮮豔的舞衣，帶著小雨傘一起跳舞。frevo 還有一點特色，就是只有鮮明的音樂節奏，卻沒有歌詞。

- Funk Carioca，在巴西的某些地區被稱為 funk，屬嘻哈音樂風格，在 1980 年代起源於里約熱內盧的貧民窟。funk carioca 是一種混合嘻哈、饒舌說唱，以森巴節奏為主的電子合成音樂。雖然它有嘻哈的風格，但那和傳統美國嘻哈風格相當不同。因為這種嘻哈風格來自里約熱內盧，所以說 funk carioca 是里約熱內盧人專屬的音樂風格也不為過！funk carioca 音樂包含許多色情和露骨歌詞，很多舞蹈動作也看起來非常性感，這樣的音樂只在夜店播放！
- Música sertaneja or Sertanejo，是一種巴西的鄉村音樂。它最初被稱為 sertão 的原因是這種曲風崛起於巴西東北部半乾旱的農村地區，也是巴西流行的音樂風格之一，尤其在巴西內陸地區更加受歡迎。鄉村音樂的類型，包括農村音樂、羅曼蒂克型，以及大學生作詞作曲的民歌曲風。在過去幾十年中，鄉村音樂歌曲已經登上不少大型電臺的音樂排行榜，絕對不是一般想像中老掉牙的音樂。
- Forro 是一種比鄉村音樂更傳統的音樂風格，起源於巴西東北部的 Sertão，這裡幾乎都是放牧牛的旱地區。Forro 也可以算是巴西牧羊人的音樂風格。
- Southern music（葡萄牙語為 Música gaúcha），這種音樂基本上來自於巴西南部的各州，就好比是美國南部，如德州的鄉村音樂。在巴西南部的州，如 Rio Grande do Sul 就有這類型的音樂，最知名的表演者包括 Renato Borghetti、Yamandu Costa、Jayme Caetano Braun、Luiz Marenco 等。

巴西音樂史簡介

巴西音樂多樣的風格與節奏，其實對世界各地許多音樂家有相當的影響力。當然提到巴西的音樂，大多數人最先想到的是森巴和 bossa nova，但巴西音樂的存在絕對不僅這兩種特定的音樂流派。

不同年代的巴西音樂風格

以下要向大家介紹，不同年代在巴西流行的特定音樂風格，以及當時負責塑造巴西音樂的藝術家。如果想聽一些精采的巴西歌曲，學習一些有關巴西的音樂，可以參考接下來的分享。

首先，最好的巴西音樂和一些巴西流行歌曲的創作時期，主要在 1930～1970 年。1939 年，Ary Barroso 創作的〈Aquarela Do Brasil〉（水彩樣的巴西），這首歌是巴西音樂歷史上最有名的歌曲之一，以森巴曲風來突出自然之美。

1947 年，Waldir Azevedo 寫了一首最令人難忘的巴西歌曲〈Brasileirinho 1〉，意思是巴西人。這首歌已經成為巴西人共同靈魂的一部分，歌曲的風格被稱為 choro，並以巴

西的一種弦樂器 cavaquinho 來演奏。這種樂風已經成為新時代與舊時代的分水嶺，也遍及巴西音樂創作的每一個角落。

　　Tom Jobim 和 Vinicius de Moraes 是創造出各種巴西熱門歌曲的創作者，其中一首風靡全巴西的就是 Chega de Saudade，收錄在兩人 1957 年的專輯《Cancao Do Amor Demais》。這首歌是巴西 bossa nova 創始的一個重要代表作，對日後的 bossa nova 音樂家影響深遠。幾年後，由 Tom Jobim 帶來的另一個新版本，對 bossa nova 風潮更是推波助瀾。

　　1959 年，Joao Gilberto 錄製了這首〈Desafinado〉，收錄在專輯中，成為巴西有史以來最有名的歌曲之一。這首歌加了點爵士的味道，並用吉他演奏的獨特風格影響了其他音樂家的創作，成為他的最佳單曲之一。更在 1962 年，與 Stan Getz 和 Charlie Bird 合作重新詮釋錄製，轟動全球。

　　〈Garota De Ipanema〉就是風靡全球，讓許多人慕名而來巴西里約熱內盧海岸的流

行歌曲，每個男孩都想要親眼目睹那伊帕內瑪姑娘的風采！這首由 Tom Jobim 創作的巴西流行歌曲，非常有可能是巴西歷史上被翻唱最多次的歌曲，在 1965 年獲得了葛萊美獎，為巴西音樂史上很大的榮耀。

Jorge Ben 可以說是最具創新性的巴西音樂家之一，他的歌曲〈Mais Que Nada〉，讓所有巴西人開始關注 hip-pop 和森巴結合的曲風，也被他獨特的音樂風格和個人魅力所吸引。這首歌由 Sergio Mendes 所演唱的版本最為流行，2006 年 Sergio Mendes 與美國嘻哈團體黑眼豆豆重新錄製此曲，更是吸引時下年輕人瘋狂愛上巴西音樂曲風。

〈Panis et Circenses〉（麵包和馬戲團），是由 Gilberto Gil、Caetano Veloso、Nara Leao、Gal Costa 一起合作的新曲風，於 1960 年代為巴西樂壇注入了一股新潮流。

音樂往往訴說著時代的故事，在 1968 年，Chico Buarque 寫了一首歌〈Roda Viva〉，這是巴西音樂史上，第一次陳述了 1960 ~ 1970 年代巴西政府對人民的專制，更表達了人民反抗政府的心聲。Chico Buarque 被視為巴西最敢發言的音樂家。

電視傳播對音樂的影響

在 1960 年代，透過電視傳播對音樂產生了重大影響。正是在這時期，巴西電視臺開始有熱門的巴西音樂節目，也推出了重要的音樂運動。

1970 年代，巴西流行音樂誕生。節奏受到森巴的影響，是巴西比較輕快的音樂風格，深受巴西人的喜愛。在這時期，巴西音樂已經享譽國際。1980 ~ 1990 年代，由於受到外國音樂的強烈影響，新的音樂風格出現了。搖滾和龐克樂風就是這個時代的最佳寫照，內容及風格以強烈批判社會現況、青年問題和愛情思想為主，這時期的知名音樂人，包括了 Paralamas do Sucesso、Cazuza、Cássia Eller、Raul Seixas。在 1990 後，Sertanejo 開始發展，是充滿浪漫色彩的鄉村音樂風格，這種曲風的音樂主要有 Chitãozinho、Xororó、Zezé di Camargo e Luciano、Leandro e Leonardo。

21 世紀是搖滾樂團的時代，主要由青少年拉開序幕，包括 Charlie Brown Jr.、Skank。其中以女藝人的成功在巴西備受矚目，從廣播的初期至今日，大多數的歌手都是女性。在 2006 年，有超過 100 張專輯是由女藝人發行；而在同個時期，只有 34 張男藝人的專輯。

巴西的音樂文化日益增長，進入全球化的時代，讓更多人有更多管道了解巴西的音樂歷史根源。巴西的音樂具有其獨創性和多樣性，並受到各種不同文化的影響；不論是創新或改編，多元的風格，代表了巴西人豐富的思想世界。

巴西音樂主要樂器

巴西音樂風格受美國、歐洲、非洲和巴西原住民的影響，豐富的組合產生了世界上數一數二、獨特多元的音樂文化。巴西的音樂充滿了熱情和活力，音樂的創作通常配合各種巴西樂器，讓歌手的聲音和巴西的樂器產生別具風味的結合。大多數的巴西樂器都來自葡萄牙、巴西本土和非洲祖先，但仍保留其原有的樂器特色，就一起來了解這些充滿巴西色彩的樂器吧！

- Afoxé：傳統的巴西樂器。這種非裔巴西人的樂器搖動時會產生獨特的聲音。

- Agogô：非洲樂器，通常用在傳統森巴打擊樂合奏中，是森巴音樂中所使用的最古老樂器。

- Atabaque：是一種敲擊樂器，這個名稱來自阿拉伯。頂部覆蓋皮革，是許多宗教音樂所用的手鼓。

- Berimbau：是一種單弦樂器，可產生類似鼻音的獨特聲音，是傳統巴西武術表演時伴奏的樂器。

- Pandeiro：來自葡萄牙的樂器，類似鈴鼓，但更加複雜。Pandeiro 的音域張力可以被調整，讓玩家有高音和低音的選擇，通常用在嘉年華森巴音樂的表演中。

- Reco-reco：是一種打擊樂器，將竹子鑿出一道細溝，用一根木棒摩擦發出聲音，如今改良為金屬製成。

- Ganzá：是一種打擊樂器，類似波浪鼓，用在森巴舞節奏中。以手工編織成筒狀的圓柱形鼓，放入珠子、卵石、金屬球，或是其他類似顆粒，組成 15 管，長度可以變化，最長 50 公分。

- Shekere 或 Xequerê：來自非洲的樂器。由葫蘆製成，因為每個葫蘆形狀不同，所以聲音也相異。在巴西，這種樂器通常會被包裹在一個網子裡。

- Cavaquinho：來自葡萄牙的樂器，是外型類似烏克麗麗的小型吉他。它有四條弦，在巴西音樂裡有非常重要的功用，尤其是帶有森巴和 choro 的音樂風格，更是不可或缺。

舌尖香味的巡禮

Olfato, Descoberta dos Aromas

主食

巴西烤肉，讓不愛吃肉的我變成肉食動物

　　巴西烤肉（Churrasco）的起源是一個漫長的故事。創始地在 Sete Povos das Missões 小鎮，位於巴西最南部的州 Rio Grande（當時包括了一小部分阿根廷和巴拉圭的領土）。17 世紀時，這裡是當地 Guarani 原住民所住的部落，鼎盛時期居民以畜牧為生，對巴西後來的殖民統治有著深遠影響。這些游牧民族在放牧牛羊時，最基本的飲食就包括用熱石頭烤熟新鮮肉類，不加調味食用。後來因為人口增加、城市開發，這些半游牧民族無論在哪裡定居都會被迫遷移。但是在飲食上最令他們嚮往的，始終是印第安人最古老的吃肉方式。只是現在他們加了鹽調味，學習印第安人處理肉類的方式，然後烤熟享用。

　　所謂真正的巴西烤肉不是美式風格的 BBQ，而是巴西牛仔們在野外求生吃烤肉的方法才屬正宗。肉要好吃就一定要以放牧的方式養牛，如今因為放牧的土地缺乏，更是一

件不簡單的工作，但牛肉品質始終是巴西人的絕對執著。這些肉營養豐富，而且配料再簡單不過，就是鹽而已。然後把肉串起來，以小火慢慢轉烤，不同部位的肉需要醃製和烤的時間不一定，牛肉在火焰中慢慢烤熟，使油脂與鹽均勻混合。想要烤好一份多汁的牛排，相當不容易。

現在的巴西烤肉店有許多創新變化，除了以 buffet 的方式提供沙拉吧，還有將近二十多種牛肉的部位供選擇，更有其他肉類，如雞肉、魚肉供選擇。最上等的肉品前一天準備，醃肉也不只使用岩鹽，還有以酒浸泡和塗抹大蒜醬的方式。這種非常流行的巴西烤肉店，稱為 rodízio 或 espeto corrido。在餐廳裡，燒烤廚師身穿白色圍裙或巴西牛仔服裝，巴西人稱牛仔為 gaucho。一般到了烤肉店，入座後服務生會遞上一個牌子，綠色面朝上是指示服務生需要更多肉；翻轉到紅色面朝上是指示服務生停止送肉，我需要休息一下了。當你可以再次衝刺享用烤肉時，放上綠色的指示牌，gaucho 就又會帶著不同的肉串，並揮舞著鋒利的肉刀，來到你面前，任君選擇各個部位的肉，而且要吃多少或多熟都可以。但千萬別暴飲暴食，一定要克制自己慢慢吃，好好享受這頓肉的饗宴。

綠色面朝上是指示服務生需要更多肉

紅色面朝上是指示服務生停止送肉

基本巴西烤肉店用語

葡萄牙語	解釋
Churrascaria / Churrasco （ chu-RAS-ka-REE-a ）	葡萄牙文「燒烤的地方」或「烤」。
Caipiriñha （ cai-pee-REEN-ya ）	巴西的傳統雞尾酒，以甘蔗酒為主調製。
Cachaça （ ka-SHA-sa ）	由甘蔗蒸餾製成的甘蔗高粱。
Pão de Queijo （ pow de kay-EE-ho ）	乳酪麵包，由木薯粉和起司一起烤的小點心。
Passador （ PASS-a-door ）	專門供應肉的服務生。
Rodízio （ rod-EE-zee-oh ）	「在循環」的意思。
Farofa （ fa-ROW-fa ）	烤木薯粉。

推薦巴西聖保羅烤肉餐廳　Jardineira Grill

自 1995 年 5 月，Jardineira Grill 傳統的烤肉餐廳，以自助餐的方式供應可口的烤牛肉、豬肉、羊排、魚排，更提供了 C/P 值相當高的海鮮開胃菜、乳酪拼盤和烤魚，簡直是令人陶醉的美食天堂！

Jardineira Grill 的自助沙拉吧通常有章魚、魷魚、蛤蜊，還有魚子醬，這裡所提供的自助沙拉吧是全聖保羅市最豐盛的，搶手的新鮮烤蝦和多樣的魚類壽司，如鱈魚、鮭魚、鮪魚、煙燻鯰魚，以及產自亞馬遜河流域的巴西 piraíba 淡水魚。

Jardineira Grill 提供二十多種各式各樣的肉類，如阿根廷肋單切、豬排、羊肉；以及獨特的巴西肉類，如烤牛柳香腸、肋骨排。

飯後，服務生會推來華麗的甜點車，有鮮奶油水果塔、餡餅、起司蛋糕，搭配咖啡真是再適合不過。

網站：www.jardineiragrill.com.br

燉菜和炒木薯粉 (Feijoada e Farofa)

　　Feijoada 被稱為巴西的國民菜餚，因為受到當地人的喜愛，通常餐廳也會在周三和周六的中午，提供這道以豆類和燻肉為主的濃郁燉菜。吃了這麼重口味的菜，吃後的唯一推薦就是在下午打瞌睡，為美食而昏睡，何嘗不是件幸福的事呢？

　　這道巴西燉菜，原本是殖民時期巴西非洲奴隸的菜餚，因為它需要準備的材料相對便宜，如大豆、大米、芥藍菜、木薯粉，以及剩菜、醃豬肉和各式各樣次等的肉類，一起燉煮，烹調方式受到葡萄牙和印第安人的影響。如今，這是道營養豐富且配菜多樣的主食，準備要燉煮的肉就有很多不同的醃製和曬乾手法，還可加入燻香腸和柳橙切片調味，都是 feijoada 的祕密配方。在享用時，可冷盤或撒上炒木薯粉，甚至搭配 couve mineira（當地切成薄片後小炒的芥藍菜）和白皙滑嫩的大米一起吃。所謂炒木薯粉，就

是把木薯粉加雞蛋、培根和其他想添加的材料一起炒熟，通常會搭配米飯和豆類混著一起吃。如此豐盛的大餐，可是需要很多的準備步驟，相當耗時。

Feijoada 主要是以葡萄牙文黑豆 feijão 來命名，因為 feijoada 使用最多的食材就是黑豆，但身為巴西的國民菜餚，feijoada 根據不同區域的農產品，卻不一定要用黑豆燉煮。

Feijoada 在巴西人的家庭聚會中，通常作為開胃菜或家常點心。周六或周日下午親友聚會時，可以一邊享用這道菜，一邊閒話家常。

珊珊的巴西食譜
燉菜和炒木薯粉

材料：

黑豆 1 公斤、乾牛肉 250 克（carne seca）、醃排骨 250 克、燻豬肉（里肌）100 克、燻臘肉（豬肉）100 克、豬蹄 1 隻、豬尾巴或豬耳 1 隻、豬肉香腸（paio）2 條、葡萄牙香腸 1 條、洋蔥 1 個、大蒜 3 瓣、橄欖油 1 湯匙、月桂葉 2 串、柳橙 1 顆

作法：

1. 前一天晚上，清洗豬蹄和豬尾巴或豬耳，然後用冷水與已經清洗過的排骨泡在一起。再取另一個單獨的碗，浸泡切片的乾牛肉，至少要換水浸泡四次。

2. 第二天，把醃製的肉類放入大鍋內，以大火煮沸 10 分鐘，冷卻後瀝乾水分，倒入另一鍋清水大火煮沸 10 分鐘。以相同的步驟將泡水的乾牛肉，放在另一個鍋裡煮。當肉質煮軟時，不用切絲，瀝乾水，和切塊的排骨一起放著。接著把豬肉香腸和葡萄牙香腸切厚片，燻臘肉切方塊，燻豬肉切方塊。

3. 準備一個大鍋，將黑豆放底部，加入水、月桂葉、切片柳橙（果皮不需要剝掉），一起蒸煮 45 分鐘後，加入所有準備好的肉類再蒸煮 20 分鐘。

4. 最後一個提味的小步驟：取出兩勺鍋內的黑豆，和切碎的洋蔥、大蒜放入煎鍋，以橄欖油拌炒，在黑豆變成褐色前，把它加回鍋內再蒸煮約 20 分鐘，以蒸煮時間的長短來調整肉的嫩度及個人口味。

燉魚燒 (Moqueca de Peixe)

　　Moqueca 簡言之就是鹹水魚燉椰奶，加上番茄、洋蔥、大蒜、西洋香菜，以及一些棕櫚油燉煮的巴西海鮮美食。除了鹹水魚，也可以加蝦子和少骨魚類。

　　Moqueca 在巴西至少有三百年歷史，巴西的海岸線很長，沿海地區都有獨特的海鮮菜餚。但 moqueca 也許是巴西的招牌海鮮菜，被公認為典型的南美風味料理。

　　Moqueca 的詞源來自非洲用語 mu'keka，意為「魚雜燴」或「燜魚」，在巴西最有權威的字典《Houaiss》裡，moqueca 被解釋為：巴西美食，以砂鍋燉煮魚、海鮮、肉類和雞蛋，加入椰奶和棕櫚油，以及調味料（香菜、洋蔥、青椒、蝦米和辣椒）製成。

　　燉魚燒這道菜餚的靈感來自非裔巴西人，口味和煮法也來自西非地區。根據不同海岸城市的海鮮特產，適合這種煮法的魚類通常是石斑魚、鯛魚、鱵鰍魚、鮭魚、安康魚；香料的選擇則包括檸檬、香菜、紅辣椒、棕櫚油和椰奶。只要將 moqueca 的所有食材燉個 1 小時，就可以搭配白飯和炒木薯粉一起享用。

炸蝦球 (Acarajé)

　　炸蝦球是巴西傳統街頭食物。這是一種當地特別受歡迎的油炸小吃，以去皮搗碎的黑豌豆泥和洋蔥泥，包裹蝦子揉成球狀後油炸。炸蝦球也是深受非洲影響的巴西美食，幾乎相同的食物至今仍在非洲的奈及利亞和加納流行。炸蝦球會流傳到巴西是由奴隸引進，這就說明巴西有不少歷史文化都與食物息息相關。

　　這道小吃主要分布在巴西北部巴伊亞州（Bahia），並且在首府薩爾瓦多（在聖保羅和里約熱內盧之後，排名巴西第三的人口密集城市）的傳統市場裡，更是不可缺少的人氣小吃。這樣看似簡單的街頭小吃，蘊藏著豐富社會文化融合而成的美味，是典型巴西文化大熔爐的最佳例證。

雞肉球 (Coxinha)

    Coxinha 是巴西的美味小吃，19 世紀時起源於聖保羅，傳說是因為巴西公主伊莎貝爾的兒子德尤伯爵只喜歡吃菜和雞腿，有一天，沒有足夠的雞腿，廚師決定將整隻雞剁碎後用麵團塑造成雞腿的形狀，結果德尤伯爵非常喜愛。當皇后克里斯蒂娜來拜訪時，也無法抗拒這道美味小點心，甚至要求御膳房的師傅教她如何製作這道點心。而後，coxinha 逐漸贏得貴族的喜愛，更傳流至民間。

    Coxinha 是以麵粉和土豆泥混合成麵團，調料包括雞肉絲、洋蔥、香菜、蔥花，有時也用番茄醬、薑和巴西 catupiry 乳酪。做成一個個類似雞腿的形狀後，沾上麵包粉或木薯粉，以油炸的方式料理。在巴西不同的城市，也有了不同的變化，例如 Minas Gerais 州，玉米是當地的主要飲食文化，因此當地的 coxinha 就以玉米為主要製作材料。Coxinha 也有素食版本，食材包括豌豆、蘑菇、胡蘿蔔、全麥麵粉糊，味道更接近傳統風格。

葡萄牙乳酪麵包 (Pão de Queijo)

    Pão de Queijo 從字面上直接翻譯成「葡萄牙乳酪麵包」。早在 1600 年，位於巴西的東南方米納斯吉拉斯州（Minas Gerais）的奴隸，開始生產木薯（tapioca，一種澱粉農作物）。木薯的處理方法首先需要去皮，接著浸泡在裝滿水的大木桶，經過浸泡洗滌後，瀝乾鋪在戶外地面上曬乾。

    不願意浪費寶貴的食物，奴隸會再從木桶底部刮下剩餘的木薯，滾成球狀，然後烘烤成小點心食用。奴隸能夠獲得的原料數量有限，因此以簡單的方式烤成木薯球。大約兩百年後，農業生產提高，獲得自由的奴隸開始加入牛奶和乳酪的配方，將木薯球進行改良。

    在巴西，葡萄牙乳酪麵包已成為日常生活中不可或缺的飲食，不論是特別的聚會，或是早餐、午餐和晚餐，都可以看到巴西人喜愛的葡萄牙乳酪麵包，當那熱騰騰、香濃可口的乳酪香味四溢，不禁令人食指大動！

珊珊的巴西食譜
葡萄牙乳酪麵包

材料：

　　全脂牛奶 1 杯、植物油半杯、鹽 1
茶匙、木薯粉 2 杯（10 盎司）、雞蛋 2
個、帕瑪森乳酪 1～2 杯

作法：

　　1. 將烤箱預熱 30 分鐘，待溫度達 180℃。

　　2. 將木薯粉放進大碗，加入牛奶、雞蛋、鹽和乳酪一起攪打。

　　3. 將麵團揉成約直徑 2 公分的球狀，放在抹油的烤盤上。

　　4. 烤約 20 分鐘，外觀呈金黃就可以享用囉！

巴西炸盒子 (Pastéis)

　　如果問巴西人什麼食物適合搭配鮮榨甘蔗汁（caldo de cana），大多數人會回答「pastél」（pastél 是單數，patéis 是雙數）。Pastél 為一種巴西的油炸快食，有鹹也有甜，是頗受大家喜愛的街頭小吃。

　　對於巴西人來說，pastél 是一種快速的午餐、肚子餓時的小點心，甚至可以隨時隨地享用，在農夫市場、沙灘上、大街上都有小販賣這種可口的小吃。Pastél 作為巴西飲食文化的一部分已將近一世紀，大多數的食物歷史學家分析起源，可以追溯到 20 世紀初期，受日本移民巴西的飲食影響。來自日本的新移民開始不從事咖啡種植，轉而經營自己的事業，如餐館。在那時巴西人對日本料理一無所知，所以大部分的日本老闆都選擇開中餐館。在中餐館裡最受歡迎的餐點

是炸春捲，pastél 就是從春捲研發而來的。

　　而今，pastél 的形狀以長方形為主，無論內餡是甜的，還是鹹的，趁熱享用最美味。因為是街頭小吃，所以可以站著食用，也可以直接用手吃更過癮，通常會用小紙袋裝著，附上餐巾紙，而一旁永遠會有賣鮮榨甘蔗汁的小販，兩者一起享用真是絕配。

鮮榨甘蔗汁 (Caldo de Cana)

　　巴西人對甜食的喜愛已經不是祕密，整體而言就是很喜歡吃甜食。以果汁為例，即使是那些已經很甜的水果原汁，他們通常還是會加糖，甜品更可以甜到心頭，咖啡也總是喝得很甜，甚至看到孩子們在飲用牛奶前還加蜂蜜或糖。考慮到巴西悠久的甘蔗產糖歷史，也許就不會那麼驚訝於他們與糖分不開的緊密關係。

　　當巴西人想吃甜食時，鮮榨甘蔗汁就是他們的最佳選擇，一種天然未經加工的甜。剝下甘蔗皮，通過熱壓機而產生的黃綠色汁液就叫做 caldo de cana（臺灣人熟悉的甘蔗汁）或 garapa。對巴西人來說，鮮榨甘蔗汁還不算風味濃郁的飲料，不過飲用時那令人印象深刻的甜味，讓人無法招架。鮮榨甘蔗汁是以 40 ～ 50% 的蔗糖為主，一般人的味蕾肯定會發出「甜、甜、甜」的尖叫，但是當巴西人喝鮮榨甘蔗汁汁時，因為他們覺得不夠甜，所以還要加其他水果汁增加甜味，如鳳梨、檸檬、百香果。

　　對我來說，純甘蔗汁的香味是童年的記憶，有其吸引力，但我寧願嘗含糖量少的純果汁。然而，多數巴西人對鮮榨甘蔗汁的喜愛程度無人可擋，隨處可見購買的排隊人龍，只為了滿足對糖的上癮。

包魯夾心三明治 (Bauru)

包魯夾心三明治，是美洲美食文化相當普遍又具人氣的三明治。在咖啡館、高速公路休息站和午餐店，幾乎都可以點到這款三明治。它擁有如同美國人人都愛的 BLT（培根生菜番茄）三明治同樣悠久的歷史，雖然已被徹底改造了無數次。在巴西美食中，包魯夾心三明治源於 1922 年，已有九十幾年的歷史。

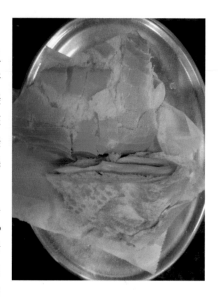

原本包魯夾心三明治是由常客電臺主持人 Casemiro Pinto Neto，在聖保羅一家餐廳 O Ponto Chic（時尚的店），所推出的簡餐。該餐廳是記者和政客經常聚會的場所，因此希望能供應美味可口的快速簡餐，Casemiro Pinto Neto 就用餐廳現有的材料做出這道三明治——剖開麵包加入薄片冷烤牛肉、黃瓜泡菜、番茄切片、起司，然後稍微焗烤溫熱。因為 Casemiro Pinto Neto 出生於聖保羅州的內地小城市 Bauru，所以他的綽號叫做「包魯」，於是這款由他推出的三明治自然就稱為「包魯的三明治」。

多年來這款三明治的食材不斷變化中，如今典型的包魯夾心三明治，基本上以起司加上番茄切片為主，仍然是巴西最流行，也是最常點用三明治之一。

巴西薯條 (Mandioca Frita)

我懷疑很多人從沒嘗試過巴西薯條，因為很難想像木薯可以做成炸薯條。葡文 mandioca，英文為 yuca root，中譯成木薯或樹薯，是一種在巴西一年四季都生長旺盛的熱帶植物，能長成高達 2.4 公尺的大型灌木塊莖，外皮呈現深褐色，類似樹皮，白色的果肉含有豐富的澱粉。原產於中美洲和南美洲，但目前被廣泛種植在非洲、拉丁美洲和加勒比海地區。在許多國家，木薯是主食，有多種烹調方式。木薯根中提取的澱粉可以加工成粉狀，添加其他材料製作麵條、糕點；葉子也可作為蔬菜食用。它的根部含有毒素，因此浸泡水中或水煮後較能放心食用。木薯也可以取代燉菜馬鈴薯，它含有高量的維生素 C 和碳水化合物，更是膳食纖維的良好來源。

對於許多巴西人來說，巴西薯條比一般馬鈴薯做的炸薯條更好吃。若不相信，一旦試過後，肯定大呼過癮。外皮酥脆，裡面蓬鬆，只要加上少許的鹽，木薯的風味就完全出來了！

甜品

木瓜冰霜 (Créme De Papaya)

　　Créme De Papaya 是巴西非常受歡迎的甜點，也是在吃完巴西烤肉後必點的甜點！因為它是如此美味爽口，又可迅速料理端出，個人覺得這道甜點真是有史以來最讚的發明，也是最簡易製作的夏季甜點之一。這麼美味、健康和爽口的巴西甜品，是混合香草冰淇淋和木瓜製成，並以黑醋栗（黑加侖甜酒）作為最後的點綴。

　　木瓜是原產於中美洲的一種水果，由西班牙和葡萄牙探險家把它帶到了許多其他熱帶和亞熱帶區域進行栽培，包括印度、菲律賓、非洲部分地區，以及巴西。巴西目前已成為木瓜的重要種植地與出口國之一，最大的種植園位於巴西東北部地區。因為這些地區的氣候佳，木瓜可以一年四季生產和收成，提供全年無盡地享用。有位巴西朋友曾說，他離不開巴西，因為一年 365 天，他每天一定要吃一顆木瓜！

巴西木瓜的皮散發著非常好聞的清香，很特別！根據成熟的程度，木瓜的顏色會從橙色到轉成橘色。果肉非常有彈性，果皮通常是薄而光滑，但又相當硬，其中最常見的品種有 Golden、Formosa、Calimosa。

木瓜是最容易消化的水果之一，健康又低熱量，也是維生素的豐富來源。在巴西，除了直接食用，也可搭配冰淇淋，或是做成果汁飲料，甚至還可加入沙拉或甜點一起享用，吃法多樣。

和大家分享健康、快速又美味的木瓜食譜，在家也可以體驗一下異國甜品喔！

珊珊的巴西食譜

木瓜冰霜

材料：

熟木瓜 1 顆、香草冰淇淋 1 盒、黑醋栗甜酒（Crème de Cassis）1 湯匙、薄荷葉少許

作法：

1. 木瓜對半切，去籽。用勺子把木瓜肉從果皮挖起，並放入容器裝盛。
2. 用攪拌機，混合冰淇淋與木瓜，直到呈現光滑厚厚的泥狀混合物。
3. 將混合物均勻分裝入 2～3 個甜食杯裡（例如馬丁尼酒杯）。
4. 最後加一點黑醋栗甜酒和薄荷葉裝飾。

小叮嚀：

無論哪種品嘗方式，最好是立即享用，盡可能簡短冷卻的時間，新鮮享用木瓜原味，保證很讚！

椰奶蛋糕 (Quindim)

作為巴西許多受葡萄牙影響的甜點之一，quindim 是一種類似椰奶蛋糕的甜點，大約17 世紀時，由巴西東北地區巴伊亞州（Bahia）的非洲奴隸所創造。由於巴西東北地區主

要以非裔人口為主，因此來自北方的甜點很多都以蛋黃和糖作為主要材料，這是做任何甜點最傳統、也最基本的配方。雖然製作簡單，但營養豐富，而且非常甜，是款受歡迎的甜點。

近年來，quindim 變得非常流行，在巴西是經常食用的甜點之一，許多社交場合，如生日、婚禮、受洗，或是周日家庭午餐，都可以享用到。

巧克力球 (Brigadeiro)

巴西人迷戀一種小軟糖般的巧克力球，稱為 brigadeiro，以他們熱愛甜食的程度，對這款甜品可說是毫無抵抗能力。一個 brigadeiro 的基本成分為巧克力、糖和濃縮牛奶，最後在成品上撒巧克力碎片來點綴，便大功告成。

另一種作法，就是把 brigadeiro 變成一個溼潤、美味的巧克力蛋糕。簡單來說就是把小型的巧克力球加大容量來享用。蛋糕的基本部分通常採用一般巧克力蛋糕，但外觀的裝飾就完全用 brigadeiro 糖霜包覆。這款巧克力海綿蛋糕與香濃 brigadeiro 結合的經典甜品，既豐富且溼潤，是巴西人的最愛之一。

百香果慕斯 (Mousse de Maracujá)

如果巴西要正式宣布國家的家庭式甜點，那最有可能當選的就是百香果慕斯。這款甜點一樣是非常甜，但新鮮百香果是巴西一年四季都有的水果，甜而香的滋味，更讓這道甜點令人不能抗拒，幾乎無法用語言來表達有多喜歡百香果慕斯。這款甜點的製作方式很簡單，可以非常快速就完成，美味的程度更是嘗一口就停不下來，迅速就吃光光。這是一種充滿多元化搭配的甜點，也是巴西烤肉或晚餐後的清爽小甜食。

在巴西，百香果是相當受歡迎的水果，而且便宜，因此巴西人很喜歡，經常食用。百香果可以用來做調酒，也可以製作糖果、肉醬汁、果醬、果汁。接著就來分享這款美味甜品的作法，如果無法買到新鮮百香果，也可以在超市買百香果濃縮包取代。

珊珊的巴西食譜

百香果慕斯

材料：

　　甜煉乳 1 罐、奶油 1 罐、百香果濃縮物（濃縮汁）1 杯或新鮮百香果 6 顆

作法：

　　1. 將所有原料放入果汁機打約 3 分鐘，倒入碗中，再用百香果籽裝飾。

　　2. 把這些做好的甜品放入冰箱，1 小時後就可以享用了。

巴西莓果 (Açaí)

　　Açaí 是一種巴西特有的熱帶莓果，必須加工做成果漿食用，可食用的淺色果肉被一層薄薄深紫色的果皮覆蓋著，內有大量不可食用的籽。Açaí 果實本身沒有天然的糖分，所以不是一般的水果甜味，非常樸實。

　　Açaí 為生長在亞馬遜雨林裡的阿薩伊棕櫚樹的果實，生活在此地的人會直接食用這種水果，但這區域以外的人幾乎不會直接吃。主要因為自然狀態下 açaí 非常容易腐爛，而且脆弱，所以它不是可以存放、運輸的水果。因此，açaí 收割後不久就要儘快製成果漿，冷凍保存。經過這樣的加工，才可以享用它多樣化的產品，如果汁、糖漿、冰品，甚至伏特加酒。

　　在巴西，從街頭小店、美食廣場、高檔商場，甚至到農村，açaí 是再普遍不過的飲食文化。對於許多人來說，冰凍後的 açaí 消暑爽口，又有飽足感，可以加點蜂蜜、燕麥、切片香蕉或當季新鮮水果，açaí 就是一道相當健康的巴西甜點。

巴西的羅密歐與茱麗葉 (Romeu e Julieta)

　　儘管積極地查詢各種參考書或詢問當地人，經過一番仔細研究，我還是不知道為什麼巴西甜點中會有羅密歐與茱麗葉，這對莎士比亞名著中注定被分開的戀人？為什麼乳酪和番石榴泥（番石榴 goiaba）這種簡單搭配的甜點，在巴西會稱為羅密歐與茱麗葉？

　　羅密歐與茱麗葉在巴西其實是最基本、也最傳統的甜點，作法超級簡單。它由白鮮乳酪 queijo（在巴西主要使用米米納斯吉拉斯州〔Minas Gerais〕生產的乳酪），搭配番石榴泥製成的水果乾。番石榴的水果乾是加水和糖一起煮成果醬冷卻後的成品，稱為gioabada，具有均勻但稍微滑溜的質地，口感相當甜。

　　這道甜點結合了水果和乳酪，呈現甜鹹滋味，大多數巴西人會切一小片乳酪和一小塊 goiabada，用叉子疊起一口口享用。

巴西甜甜圈 (Bolinho de Chuva)

　　以烘烤或油煎的方式料理大餅，在世界各地可說是再簡單不過的麵食，如墨西哥的烤玉米餅、黎巴嫩的 lavash、義大利的披薩、印度的烤餅，在巴西則是將麵團揉成球狀，油炸成一款麵食甜點，稱為巴西甜甜圈。

　　巴西人對甜食本來就難以克制，他們鍾愛甜食，並將自己的甜甜圈版本命名為 Bolinho de Chuva，中譯成小雨點。這款簡易可口小甜品命名的由來很可愛，因為 Bolinho de Chuva 是多數巴西媽媽在下雨天時一定會做的小點心，然後等孩子回家一起享用下午茶，搭配著吃。巴西甜甜圈可以加白砂糖或肉桂，幾乎是巴西廚師必傳承的食譜，也是巴西人童年的難忘美味回憶！

巴西雞尾酒 (Caipirinha)

　　巴西甘蔗酒 cachaça，是一種用甘蔗做的蒸餾酒。如果要舉例與巴西的甘蔗酒（cachaça）對照比較，其實蘭姆酒（rum）是唯一較類似的酒類，都以甘蔗為基底。甘蔗酒最初是在巴西的殖民統治時期於奴隸和農民間流行的飲料，如今已成為飲酒者喜愛的時尚飲料，並在國內和國際舞臺上都有相當好的評價。此外，巴西甘蔗酒更出口到歐洲和美國，是酒吧調酒師在調配巴西雞尾酒時，不可或缺的元素。巴西雞尾酒是風靡全國的雞尾酒，最初的版本是用甘蔗酒、糖和冰調製而成，後來增加了更多水果口味，如奇異果、百香果、腰果、萊姆、草莓，都是超人氣的調酒。

　　在巴西雖然甘蔗的生產早已是主要的經濟來源，但什麼時候開始生產甘蔗酒其實沒有很明確的紀錄，大多數人認為它的發明應該大約在 1530 ～ 1550 年之間，因為那時甘

蔗已經被引入巴西作為葡萄牙殖民地的經濟作物。至於甘蔗酒的作法，草創期的說法是，當時負責種植和收成甘蔗的奴隸，用剩餘的甘蔗在研磨成汁的過程中，讓它發酵成酒精飲料。由於最初的製作過程粗糙，富裕的巴西人認為甘蔗酒是一種窮人的飲料；而甘蔗園主往往也會在收成後招待這種發酵的甘蔗汁作為獎勵。

因為怕作法不一致，巴西就立法表明甘蔗酒的正規典範，如甘蔗酒的酒齡必須至少一年，在木桶內釀酒也不能超過 700 公升。現今製作甘蔗酒已有相當熟練的流程：提取甘蔗第一次研磨後的汁，靜置發酵約 24 小時，以 80°C 高溫沸騰蒸餾。蒸餾後的甘蔗酒，通常就是裝玻璃瓶直銷。如果要製作陳年甘蔗酒就要使用制定木桶來釀酒，其中包括巴西的木材，如 imburana、雪松、freijó、jequitibá，或是美國和歐洲的橡木，以這些木材製作木桶釀出來的甘蔗酒屬白酒，也多了平滑、圓潤的味道。此外，也有第三種類型的甘蔗酒，稱為「黃色」甘蔗酒，僅通過添加焦糖或木提取物，使其可以保存且更具甜味。無論是何種甘蔗酒，巴西的甘蔗酒就不該與歐美系的酒混淆搭配，畢竟甘蔗酒是由提煉後的糖蜜蒸餾而出的酒精飲料。

Caipirinha 這種巴西最具代表的國民雞尾酒就是使用甘蔗酒來調製。接下來介紹這奇妙清爽雞尾酒最基本款的食譜，上手後就可以自己變化出喜愛的口味。

珊珊的巴西食譜

巴西雞尾酒

材料：

　　甘蔗酒 60 毫升、萊姆 1 顆、砂糖 2 湯匙（如果不喜歡太濃的調酒，可以增加）、萊姆切片 2 片、中型冰塊 1～3 個

作法：

　　1. 首先把萊姆的頭及內部的梗切掉，然後對切再對切成 4 小份。

　　2. 把 4 小份的萊姆和砂糖放入一個酒杯中攪拌。

　　3 濾出萊姆汁，將萊姆取出，隨後加入個人喜好的甘蔗酒量和冰塊一起攪拌。

　　4. 試喝一小口，如果酒精濃度和甜味都適當，加上萊姆切片裝飾，就可以享用囉！

小叮嚀：

　　以可以接受的量一杯喝完再做一杯，如果大量製作，會因為冰塊融化而使雞尾酒走味。

巴西啤酒 (Chope vs Cerveja)

有助於區別巴西
人和其他南美洲人的
鮮明文化，就屬他們
獨一無二享用啤酒的
行為。舉例來說，在
義大利和西班牙，最
典型、也最傳統的酒
精飲料就是葡萄酒；
在德國和捷克，啤酒
是最傳統、也令他們
驕傲的國民飲料；而
俄羅斯則是跟伏特加
分不開。

雖然巴西生產少
量的葡萄酒，再者進
口葡萄酒的供應選擇
少且昂貴，啤酒（葡
萄牙語為 cerveja）成為最受絕大多數人歡迎的酒精飲料。只要是巴西人聚會的場所，不
論家庭或餐廳、街上或沙灘，啤酒是不可缺少的飲品。沒有法律的規範，如限制 18 歲以
上才能飲酒，在巴西啤酒無處不有，超市、麵包店、加油站、路邊攤都有販賣。

巴西人喝啤酒有一個特色，他們喜歡非常冰的，甚至到有點結凍的程度。這可能是
由於熱帶氣候，冰涼的啤酒才有銷路。嘉年華期間，啤酒更是比吃飯還重要的生活必需
品。在巴西的許多地區（但並非全巴西）備受推崇的啤酒是生啤酒（葡萄牙語為 chope，
有時被拼寫為 chopp，但讀音一樣），街角的酒吧、餐館，以及 chopperias 啤酒屋（類似
大型開放式的酒吧，提供人們談話、聽音樂的休閒空間）都有販賣。

由於氣候炎熱，巴西的生啤酒通常用小玻璃杯裝，若用大杯子或長頸瓶裝很容易就
不冰了。另外，巴西生啤酒的特點，就是好的生啤酒在注入杯中時，一定會有大約三根
手指寬的泡沫，如果沒有這樣的泡沫，這杯生啤酒很可被顧客退回。任何時候，在巴西
享用啤酒或生啤酒，都是非常開心的一件事，啤酒上桌時一定要趁冰涼飲用，Saúde（葡
萄牙語的「乾杯」，發音是 SAW-OO-GEE）！

後記　美好的巴西生活

　　大多數的巴西人都沒有出過國，以至於他們不知道自己的國家有何特別之處。筆者旅行過許多國家，認為巴西是一個真正獨特的國家，不管是人文或風景，巴西都有獨特的風情，舉世無雙。

　　以巴西人所嚮往的美國文化與巴西比較，可輕易發現許多差異，日常生活中便有深刻的體驗。一般來說，美國人是目標導向主義，他們要去哪裡做什麼事，總是講求快、狠、準，但往往忽略享受實現一個目標的過程。巴西人相對來說則會用非常隨興的方式來達成目標，不斤斤計較要花多少時間，因為他們偏好享受整個過程。

　　以下舉幾個例子，比較巴西人和美國人在日常生活情況的不同應對，感受一下巴西民族的可愛之處。

1. 當走在街上

可以看到巴西人以輕快的步伐走在街上,有時會停下來欣賞風景,並與擦肩而過的陌生人聊聊天氣或政治。他們不太會明顯表現出急著去哪裡,反而會關心與他們同行的夥伴,並愉快交談。在美國,行人較少,因為他們多半以車代步,也很少與路人有眼神上的接觸,較為冷漠,一路上都在趕著前往目的地。

2. 吃飯這回事

臺灣人說吃飯皇帝大,這樣的觀念跟巴西人很對味!中午休息的午飯時光,是他們跟同事悠閒交談相處的時刻,吃完飯回到工作崗位上還是很快樂,因為剛剛享受了愉快的小歇片刻!刻板的美國人則可能拿著自己的手機,快速地吃著食物,就急於趕回去工作;他們甚至可能沒有停止過工作,連吃飯幾乎都在看電子郵件。

城市裡的街頭藝人

3. 社交

辛苦了一天,工作結束後,巴西人常常會在酒吧小聚,並持續午餐沒聊完的談話,他們喜歡一起分享幾杯沁涼的冰啤酒。如果有人邀請另一位朋友參與,他的同伴們也會熱情接納新朋友,因為在巴西你的朋友就是他的朋友。

在美國,下班後大家都會各自回家,並做自己的事情,或許有一些休閒活動,但可能也是坐在電腦前或看電視。當有新朋友加入,也不會那麼容易把別人加入自己的社交圈內,他們肯定不像巴西人那樣熱情、無條件的接待。

4. 談笑風生

當與巴西人相遇的第一刻,若是男性他們往往會拍拍背,若是女性就親吻臉頰來打招呼。不必試圖找話題與巴西人攀談,你可以說任何事情,且會發現有趣的話題自然而然就會引導著大家交談。

在美國,有時為了炒熱氣氛,好像要假裝成這圈子裡最有趣的人。聊天時會覺得一些美國人好像什麼都知道,但其實深入一點後發現不過爾爾。

與巴西人的聊天互動裡,多了很多對方的關懷與注意力,他們不會讓你為了得到注意而刻意找話題聊。當輪到你說話時,想說什麼,周圍的人就會聆聽,回饋你所分享的一切。

豐富的物產　　　　海邊慢活
可愛的巴西廚師　　愛不釋手的海邊美食
無所不在的冰鎮啤酒　豐富的物產
豐富的物產　可口的巴西果

巴西之美，遠眺里約耶穌山　　我居住的城市聖保羅

　　從這些生活小細節可以看出巴西人熱情如火的民族性，其實多了一點悶騷、一點含蓄，人和人之間的關係更是他們相當看重的生活一部分。

　　也許你會覺得他們的工作效率沒有臺灣人拚命，可是卻會花時間在家人、小孩與朋友身上，巴西人相當享受和朋友之間的相處，這往往也是最寶貴實在的人生投資！

　　也許你會覺得巴西人熱中世足是很誇張的一件事，那是你未曾體驗過當球踢進門的剎那，滿城煙火聲響傳遍巴西的盛況；而輸球時，則整棟樓不約而同一起哭喊著 No、父母親會抱著小孩痛哭、酒吧裡不相識的人也會互相擁抱安慰，這就是巴西人熱愛足球的表現。

　　也許你會覺得連 CNN 都報導巴西不安全、政治貪汙問題相當嚴重而害怕擔憂，但巴西人只覺得這些事情世界各地不也都在發生？小心一點就好了。又或許，你會想不透為什麼在巴西很少看到警察局，雖然還是有看到警車和移動式警察巴士？但巴西人卻有令人噴飯的獨到解釋——他們會說，因為不能一直停在同一個地方，要不然小偷、流浪漢看似離開，其實只是轉移陣地，所以警察也要跟著移動。這種不是真正解決事情的邏輯，一般人都不懂，然而巴西人擁有只有他們才懂的邏輯，即便是在嘉年華時工作發生火災，假使有人不幸因為沒有救生設備而喪生，巴西人的解決方案則可能是提議——以後嘉年華都不要去上班，多麼無厘頭啊！遇到這些巴西式應對，不需要問為什麼？因為巴西人的思考邏輯與樂觀天性會令世人嘆為觀止！

　　巴西絕對不是一個完美的國家，可是我喜歡巴西，尤其是巴西人對外國人的接受度，以及他們面對家庭的觀念、有趣的處世哲學，這樣漫不經心的人生態度出人意表。生活在巴西，我學會多一點耐心、放慢腳步、放鬆自己對人生嚴苛的要求。我認識的巴西人，他們絕對是世界上最酷、也最熱心的人。

　　很多關於巴西的事，說不盡道不完，真的要來這裡，親身體驗巴西才會真正了解。這就是屬於我在巴西的美好日常故事！

國家圖書館出版品預行編目資料

歡迎來巴西！BEM-VINDO／謝佩珊 文・攝影 -- 初版．
-- 臺北市：華成圖書，2015.04
　面；　公分．--（自主行系列；B6159）
ISBN 978-986-192-241-6（平裝）

1. 自助旅行 2. 巴西

757.19　　　　　　　　　　　　　104002132

自主行系列　　B6159

歡迎來巴西！BEM-VINDO

作　　者／謝佩珊

出版發行／華杏出版機構
　　　　　華成圖書出版股份有限公司
　　　　　www.farreaching.com.tw
　　　　　台北市10059新生南路一段50-2號7樓
　　　　　戶　　名　華成圖書出版股份有限公司
　　　　　郵政劃撥　19590886
　　　　　e-mail　huacheng@farseeing.com.tw
　　　　　電　　話　02-23921167
　　　　　傳　　真　02-23225455
　　　　　華杏網址　www.farseeing.com.tw
　　　　　e-mail　fars@ms6.hinet.net
　　　　　華成創辦人　　郭麗群
　　　　　發 行 人　　蕭聿雯
　　　　　總 經 理　　熊芸
　　　　　法律顧問　　蕭雄淋・陳淑貞

　　　　　總 編 輯　　周慧琍
　　　　　企劃主編　　蔡承恩
　　　　　企劃編輯　　林逸叡
　　　　　執行編輯　　張靜怡
　　　　　美術設計　　林亞楠

定　　價／以封底定價為準
出版印刷／2015年04月初版1刷

總 經 銷／知己圖書股份有限公司
　　　　　台中市工業區30路1號　　電話　04-23595819　　傳真　04-23597123

☺ 讀者回函卡

謝謝您購買此書，為了加強對讀者的服務，請詳細填寫本回函卡，寄回給我們（免貼郵票）或 E-mail至huacheng@farseeing.com.tw給予建議，您即可不定期收到本公司的出版訊息！

您所購買的書名/＿＿＿＿＿＿＿＿＿＿＿　購買書店名/＿＿＿＿＿＿＿＿＿＿

您的姓名/＿＿＿＿＿＿＿＿＿＿＿＿＿　聯絡電話/＿＿＿＿＿＿＿＿＿＿

您的性別/□男 □女　　您的生日/西元＿＿＿＿年＿＿月＿＿日

您的通訊地址/□□□□□＿＿＿＿＿＿＿＿＿＿＿＿＿＿＿＿＿

您的電子郵件信箱/＿＿＿＿＿＿＿＿＿＿＿＿＿＿＿＿＿＿＿＿

您的職業/□學生 □軍公教 □金融 □服務 □資訊 □製造 □自由 □傳播
　　　　　□農漁牧 □家管 □退休 □其他

您的學歷/□國中（含以下） □高中（職） □大學（大專） □研究所（含以上）

您從何處得知本書訊息/（可複選）

□書店 □網路 □報紙 □雜誌 □電視 □廣播 □他人推薦 □其他

您經常的購書習慣/（可複選）

□書店購買 □網路購書 □傳真訂購 □郵政劃撥 □其他＿＿＿＿＿＿＿＿＿

您覺得本書價格/□合理 □偏高 □便宜

您對本書的評價（請填代號/ 1.非常滿意 2.滿意 3.尚可 4.不滿意 5.非常不滿意）

封面設計＿＿＿　版面編排＿＿＿　書名＿＿＿　內容＿＿＿　文筆＿＿＿

您對於讀完本書後感到/□收穫很大 □有點小收穫 □沒有收穫

您會推薦本書給別人嗎/□會 □不會 □不一定

您希望閱讀到什麼類型的書籍/＿＿＿＿＿＿＿＿＿＿＿＿＿＿＿＿＿＿＿

您對本書及我們的建議/

華杏出版機構

華成圖書出版股份有限公司　　收

台北市10059新生南路一段50-1號4F　　TEL/02-23921167

〈沿線剪下〉

（對折黏貼後，即可直接郵寄）

本公司為求提升品質特別設計這份「讀者回函卡」，懇請惠予意見，幫助我們更上一層樓。感謝您的支持與愛護！

www.farreaching.com.tw　　　請將　B6159　「讀者回函卡」寄回或傳真 (02) 2394-9913